U0098202

編者的話

「學科能力測驗」是「指定科目考試」的前哨站,雖然難度較「指考」低,但是考試內容以及成績,仍然非常具有參考價值,而且「學測」考得好的同學,還可以推甄入學的方式,比別人早一步進入理想的大學,提前放暑假。

爲了協助考生以最有效率的方式準備大學入學考試,我們特別蒐集了九十九年度「學測」各科試題,包括英文、數學、社會、自然和國文,做成「99年學科能力測驗各科試題詳解」,書後並附有大考中心所公佈的各科選擇題參考答案、成績統計表以及國文、英文兩科非選擇題評分標準說明。另外,在英文科詳解後面,還附上了英文試題勘誤表及英文考科選文出處,讀者可利用空檔時間,上網瀏覽那些網站,增進自己的課外知識,並了解出題方向。

這本書的完成,要感謝各科名師全力協助解題:

英文 / 王慶銘老師・謝靜芳老師・蔡琇瑩老師
　　　褚謙吉老師・林工富老師・蕭雅芳老師
　　　黃于眞老師・高雅姿小姐・周敬濤同學
美籍老師 Laura E. Stewart
　　　　　Christain A. Brieske

數學 / 李卓澔老師

社會 / 李　暉老師・王念平老師・陳　陞老師

國文 / 李　奐老師

自然 / 張鎮麟老師・王　宇老師
　　　姜孟希老師・鄧　翔老師

本書編校製作過程嚴謹,但仍恐有缺失之處,尚祈各界先進不吝指正。

劉 毅

目 錄

九十九年大學入學學科能力測驗試題
英文考科

第壹部份：選擇題（佔72分）

一、詞彙（佔15分）

說明：第1至15題，每題選出最適當的一個選項，標示在答案卡之「選擇題答案區」。每題答對得1分，答錯不倒扣。

1. Mr. Lin is a very _____ writer; he publishes at least five novels every year.
   (A) moderate　　(B) temporary　　(C) productive　　(D) reluctant

2. Using a heating pad or taking warm baths can sometimes help to _____ pain in the lower back.
   (A) polish　　(B) relieve　　(C) switch　　(D) maintain

3. Peter stayed up late last night, so he drank a lot of coffee this morning to keep himself _____ in class.
   (A) acceptable　　(B) amazed　　(C) accurate　　(D) awake

4. Due to _____, prices for daily necessities have gone up and we have to pay more for the same items now.
   (A) inflation　　(B) solution　　(C) objection　　(D) condition

5. The government is doing its best to _____ the cultures of the tribal people for fear that they may soon die out.
   (A) preserve　　(B) frustrate　　(C) hesitate　　(D) overthrow

6. I could not _____ the sweet smell from the bakery, so I walked in and bought a fresh loaf of bread.
   (A) insist　　(B) resist　　(C) obtain　　(D) contain

7. Steve has several meetings to attend every day; therefore, he has to work on a very _____ schedule.

(A) dense　　　(B) various　　　(C) tight　　　(D) current

8. Michael Phelps, an American swimmer, broke seven world records and won eight gold medals in men's swimming _____ in the 2008 Olympics.

(A) drills　　　(B) techniques　　　(C) routines　　　(D) contests

9. Those college students work at the orphanage on a _____ basis, helping the children with their studies without receiving any pay.

(A) voluntary　　　(B) competitive　　　(C) sorrowful　　　(D) realistic

10. Studies show that asking children to do house _____, such as taking out the trash or doing the dishes, helps them grow into responsible adults.

(A) missions　　　(B) chores　　　(C) approaches　　　(D) incidents

11. John has been scolded by his boss for over ten minutes now. _____, she is not happy about his being late again.

(A) Expressively　　(B) Apparently　　(C) Immediately　　(D) Originally

12. Since the orange trees suffered _____ damage from a storm in the summer, the farmers are expecting a sharp decline in harvests this winter.

(A) potential　　　(B) relative　　　(C) severe　　　(D) mutual

13. Typhoon Morakot claimed more than six hundred lives in early August of 2009, making it the most serious natural _____ in Taiwan in recent decades.

(A) disaster　　　(B) barrier　　　(C) anxiety　　　(D) collapse

14. Robert was the only _____ to the car accident. The police had to count on him to find out exactly how the accident happened.

(A) dealer　　　(B) guide　　　(C) witness　　　(D) client

15. Badly injured in the car accident, Jason could _____ move his legs and was sent to the hospital right away.
(A) accordingly　(B) undoubtedly　(C) handily　(D) scarcely

二、綜合測驗（佔 15 分）

說明：第 16 至 30 題，每題一個空格，請依文意選出最適當的一個選項，標示在答案卡之「選擇題答案區」。每題答對得 1 分，答錯不倒扣。

Anita was shopping with her mother and enjoying it. Interestingly, both of them __16__ buying the same pair of jeans.

According to a recent marketing study, young adults influence 88% of household clothing purchases. More often than not, those in their early twenties are the more __17__ consumers. There isn't a brand or a trend that these young people are not aware of. That is why mothers who want to keep abreast of trends usually __18__ the experts — their daughters. This tells the retailers of the world that if you want to get into a mother's __19__, you've got to win her daughter over first.

With a DJ playing various kinds of music rather than just rap, and a mix of clothing labels designed more for taste and fashion than for a precise age, department stores have managed to appeal to successful middle-aged women __20__ losing their younger customers. They have created a shopping environment where the needs of both mother and daughter are satisfied.

16. (A) gave up　　(B) ended up　　(C) took to　　(D) used to
17. (A) informed　　(B) informative　　(C) informal　　(D) informational
18. (A) deal with　　(B) head for　　(C) turn to　　(D) look into
19. (A) textbook　　(B) notebook　　(C) workbook　　(D) pocketbook
20. (A) in　　　　　(B) while　　　　(C) after　　　　(D) without

Onions can be divided into two categories: fresh onions and storage onions. Fresh onions are available ___21___ yellow, red and white throughout their season, March through August. They can be ___22___ by their thin, light-colored skin. Because they have a higher water content, they are typically sweeter and milder tasting than storage onions. This higher water content also makes ___23___ easier for them to bruise. With its delicate taste, the fresh onion is an ideal choice for salads and other lightly-cooked dishes. Storage onions, on the other hand, are available August through April. ___24___ fresh onions, they have multiple layers of thick, dark, papery skin. They also have an ___25___ flavor and a higher percentage of solids. For these reasons, storage onions are the best choice for spicy dishes that require longer cooking times or more flavor.

21. (A) from   (B) for   (C) in   (D) of

22. (A) grown   (B) tasted   (C) identified   (D) emphasized

23. (A) such   (B) much   (C) that   (D) it

24. (A) Unlike   (B) Through   (C) Besides   (D) Despite

25. (A) anxious   (B) intense   (C) organic   (D) effective

Many people like to drink bottled water because they feel that tap water may not be safe, but is bottled water really any better?

Bottled water is mostly sold in plastic bottles and that's why it is potentially health ___26___. Processing the plastic can lead to the release of harmful chemical substances into the water contained in the bottles. The chemicals can be absorbed into the body and ___27___ physical discomfort, such as stomach cramps and diarrhea.

Health risks can also result from inappropriate storage of bottled water. Bacteria can multiply if the water is kept on the shelves for too long or if it is exposed to heat or direct sunlight. ___28___ the information on storage and shipment is not always readily available to consumers, bottled water may not be a better alternative to tap water.

Besides these ___29___ issues, bottled water has other disadvantages. It contributes to global warming. An estimated 2.5 million tons of carbon dioxide were generated in 2006 by the production of plastic for bottled water. In addition, bottled water produces an incredible amount of solid ___30___. According to one research, 90% of the bottles used are not recycled and lie for ages in landfills.

26. (A) frightening　　(B) threatening　　(C) appealing　　(D) promoting
27. (A) cause　　　　　(B) causing　　　　(C) caused　　　　(D) to cause
28. (A) Although　　　(B) Despite　　　　(C) Since　　　　　(D) So
29. (A) display　　　　(B) production　　　(C) shipment　　　(D) safety
30. (A) waste　　　　　(B) resource　　　　(C) ground　　　　(D) profit

三、文意選填（佔 10 分）

說明： 第 31 至 40 題，每題一個空格，請依文意在文章後所提供的 (A) 到(J) 選項中分別選出最適當者，並將其英文字母代號標示在答案卡之「選擇題答案區」。每題答對得 1 分，答錯不倒扣。

Football is more than a sport; it is also an invaluable ___31___. In teaching young players to cooperate with their fellows on the practice ___32___, the game shows them the necessity of teamwork in society. It prepares them to be ___33___ citizens and persons.

Wherever football is played, the players learn the rough-and-tumble lesson that only through the ___34___ of each member can the team win. It is a lesson they must always ___35___ on the field. Off the field, they continue to keep it in mind. In society, the former player does not look upon himself as a lone wolf who has the right to remain ___36___ from the society and go his own way. He understands his place in the team; he knows he is a member of society and must ___37___ himself as such. He realizes that only by cooperating can he do his ___38___ in making society what it should be. The man who has played football knows that teamwork is ___39___ in modern living. He is also aware that every citizen must do his part if the nation is to ___40___. So he has little difficulty in adjusting himself to his role in family life and in the business world, and to his duties as a citizen.

(A) cooperation (B) prosper   (C) teacher   (D) behave
(E) isolated   (F) essential (G) better   (H) share
(I) field   (J) remember

四、閱讀測驗（佔 32 分）

說明： 第 41 至 56 題，每題請分別根據各篇文章之文意選出最適當的一個選項，標示在答案卡之「選擇題答案區」。每題答對得 2 分，答錯不倒扣。

41-44 為題組

On the island of New Zealand, there is a grasshopper-like species of insect that is found nowhere else on earth. New Zealanders have given it the nickname *weta*, which is a native Maori word meaning "god of bad looks." It's easy to see why anyone would call this insect a bad-looking bug. Most people feel disgusted at the sight of these bulky, slow-moving creatures.

Wetas are nocturnal creatures; they come out of their caves and holes only after dark. A giant weta can grow to over three inches long and weigh as much as 1.5 ounces. Giant wetas can hop up to two feet at a time. Some of them live in trees, and others live in caves. They are very long-lived for insects, and some adult wetas can live as long as two years. Just like their cousins grasshoppers and crickets, wetas are able to "sing" by rubbing their leg parts together, or against their lower bodies.

Most people probably don't feel sympathy for these endangered creatures, but they do need protecting. The slow and clumsy wetas have been around on the island since the times of the dinosaurs, and have evolved and survived in an environment where they had no enemies until rats came to the island with European immigrants. Since rats love to hunt and eat wetas, the rat population on the island has grown into a real problem for many of the native species that are unaccustomed to **its** presence, and poses a serious threat to the native weta population.

41. From which of the following is the passage **LEAST** likely to be taken?
    (A) A science magazine.　　(B) A travel guide.
    (C) A biology textbook.　　(D) A business journal.

42. According to the passage, which of the following statements is true?
    (A) Wetas are unpleasant to the eye.
    (B) The weta is a newly discovered insect species.
    (C) The Maoris nicknamed themselves "Wetas."
    (D) The Europeans brought wetas to New Zealand.

43. Which of the following descriptions of wetas is accurate?
    (A) They are quick in movement.
    (B) They are very active in the daytime.
    (C) They are decreasing in number.
    (D) They have a short lifespan for insects.

44. Which of the following is the most appropriate interpretation of
    "**its**" in the last paragraph?
    (A) The rat's.　　　　　　(B) The weta's.
    (C) The island's.　　　　　(D) The dinosaur's.

45-48 為題組

　　The high school prom is the first formal social event for most
American teenagers. It has also been a rite of passage for young
Americans for nearly a century.

　　The word "prom" was first used in the 1890s, referring to formal
dances in which the guests of a party would display their fashions and
dancing skills during the evening's grand march. In the United States,
parents and educators have come to regard the prom as an important
lesson in social skills. Therefore, proms have been held every year in
high schools for students to learn proper social behavior.

　　The first high school proms were held in the 1920s in America. By
the 1930s, proms were common across the country. For many older
Americans, the prom was a modest, home-grown affair in the school
gymnasium. Prom-goers were well dressed but not fancily dressed up
for the occasion: boys wore jackets and ties and girls their Sunday
dresses. Couples danced to music provided by a local amateur band or
a record player. After the 1960s, and especially since the 1980s, the
high school prom in many areas has become a serious exercise in
excessive consumption, with boys renting expensive tuxedos and girls
wearing designer gowns. Stretch limousines were hired to drive the prom-
goers to expensive restaurants or discos for an all-night extravaganza.

Whether simple or lavish, proms have always been more or less traumatic events for adolescents who worry about self-image and fitting in with their peers. Prom night can be a dreadful experience for socially awkward teens or for those who do not secure dates. Since the 1990s, alternative proms have been organized in some areas to meet the needs of particular students. For example, proms organized by and for homeless youth were reported. There were also "couple-free" proms to which all students are welcome.

45. In what way are high school proms significant to American teenagers?
    (A) They are part of the graduation ceremony.
    (B) They are occasions for teens to show off their limousines.
    (C) They are important events for teenagers to learn social skills.
    (D) They are formal events in which teens share their traumatic experiences.

46. What is the main idea of the third paragraph?
    (A) Proper social behavior must be observed by prom-goers.
    (B) Proms held in earlier times gave less pressure to teenagers.
    (C) Proms are regarded as important because everyone dresses up for the occasion.
    (D) The prom has changed from a modest event to a glamorous party over the years.

47. According to the passage, what gave rise to alternative proms?
    (A) Not all students behaved well at the proms.
    (B) Proms were too serious for young prom-goers.
    (C) Teenagers wanted to attend proms with their dates.
    (D) Students with special needs did not enjoy conventional proms.

48. Which of the following statements is true?
　　(A) Unconventional proms have been organized since the 1960s.
　　(B) In the 1980s, proms were held in local churches for teenagers to attend.
　　(C) Proms have become a significant event in American high schools since the 1930s.
　　(D) In the 1890s, high school proms were all-night social events for some American families.

49-52 為題組

No budget for your vacation? Try home exchanges — swapping houses with strangers. Agree to use each other's cars, and you can save bucks on car rentals, too.

Home exchanges are not new. At least one group, Intervac, has been facilitating such an arrangement since 1953. But trading online is gaining popularity these days, with several sites in operation, including HomeExchanges. Founded in 1992, with some 28,000 listings, this company **bills** itself as the world's largest home exchange club, reporting that membership has increased 30% this year.

The annual fee is usually less than US$100. Members can access thousands of listings for apartments, villas, suburban homes and farms around the world. Initial contact is made via e-mail, with subsequent communication usually by phone. Before a match is made, potential swappers tend to discuss a lot.

However, the concept may sound risky to some people. What about theft? Damage? These are reasonable causes for concern, but equally unlikely. As one swapper puts it, "Nobody is going to fly across the ocean or drive 600 miles to come steal your TV. Besides, at the same time they're staying in your home, you are staying in their home."

Exchange sites recommend that swappers discuss such matters ahead of time. They may fill out an agreement spelling out who shoulders which responsibilities if a problem arises. It does not matter if the agreement would hold up in court, but it does give the exchangers a little satisfaction.

Generally, the biggest complaint among home exchangers has to do with different standards of cleanliness. Swappers are supposed to make sure their home is in order before they depart, but one person's idea of "clean" may be more forgiving than another's. Some owners say if they come back to a less-than-sparkling kitchen, it may be inconvenient but would not sour them on future exchanges.

49. What is the second paragraph mainly about?
　　(A) How to exchange homes.
　　(B) How home exchange is becoming popular.
　　(C) The biggest home exchange agency.
　　(D) A contrast between Intervac and HomeExchange.

50. Which of the following is closest in meaning to "**bills**" in the second paragraph?
　　(A) advertises　　(B) dedicates　　(C) replaces　　(D) participates

51. How do home exchangers normally begin their communication?
　　(A) By phone.　　　　　　　　　(B) By e-mail.
　　(C) Via a matchmaker.　　　　　(D) Via a face-to-face meeting.

52. What is recommended in the passage to deal with theft and damage concerns?
　　(A) One can file a lawsuit in court.
　　(B) Both parties can trade online.
　　(C) Both parties can sign an agreement beforehand.
　　(D) One can damage the home of the other party in return.

53-56 為題組

Bekoji is a small town of farmers and herders in the Ethiopian highlands. There, time almost stands still, and horse-drawn carts outnumber motor vehicles. Yet, it has consistently yielded many of the world's best distance runners.

It's tempting, when breathing the thin air of Bekoji, to focus on the special conditions of the place. The town sits on the side of a volcano nearly 10,000 feet above sea level, making daily life a kind of high-altitude training. Children in this region often start running at an early age, covering great distances to fetch water and firewood or to reach the nearest school. Added to this early training is a physical trait shared by people there—disproportionately long legs, which is advantageous for distance runners.

A strong desire burns inside Bekoji's young runners. Take the case of Million Abate. Forced to quit school in fifth grade after his father died, Abate worked as a shoe-shine boy for years. He saw a hope in running and joined Santayehu Eshetu's training program. This 18-year-old sprinted to the finish of a 12-mile run with his bare feet bleeding. The coach took off his own Nikes and handed them to him. To help Abate continue running, the coach arranged a motel job for him, which pays $9 a month.

Most families in Bekoji live from hand to mouth, and distance running offers the younger generation a way out. Bekoji's legend Derartu Tulu, who won the 10,000-meter Olympic gold medals in 1992 and 2000, is a national hero. As a reward, the government gave her a house. She also won millions of dollars in the races.

Motivated by such signs of success, thousands of kids from the villages surrounding Bekoji have moved into town. They crowd the classrooms at Bekoji Elementary School, where Eshetu works as a physical-education instructor. All these kids share the same dream: Some day they could become another Derartu Tulu.

53. Which of the following is NOT mentioned as a factor for the excellence of distance runners in Ethiopia?
    (A) Well-known coaches.
    (B) Thin air in the highlands.
    (C) Extraordinarily long legs.
    (D) Long distance running in daily life.

54. Which of the following is true about Bekoji?
    (A) It's the capital of Ethiopia.
    (B) It has changed a lot over the years.
    (C) It's located near a volcano.
    (D) It has trouble handling car accidents.

55. What is the goal of Bekoji's school kids?
    (A) To work as motel managers.
    (B) To win in international competitions.
    (C) To become PE teachers.
    (D) To perform well academically at school.

56. What can be inferred from this passage?
    (A) More distance runners may emerge from Bekoji.
    (B) Nike will sponsor the young distance runners in Bekoji.
    (C) Bekoji will host an international long-distance competition.
    (D) The Ethiopian government has spared no efforts in promoting running.

第貳部份：非選擇題（佔 28 分）

一、翻譯題（佔 8 分）

說明： 1. 請將以下兩題中文譯成正確而通順達意的英文，並將答案寫在「答案卷」上。

2. 請依序作答，並標明題號。每題 4 分，共 8 分。

1. 在過去，腳踏車主要是作為一種交通工具。

2. 然而，騎腳踏車現在已經成為一種熱門的休閒活動。

二、英文作文（佔 20 分）

說明： 1. 依提示在「答案卷」上寫一篇英文作文。

2. 文長至少 120 個單詞（words）。

提示： 請仔細觀察以下三幅連環圖片的內容，並想像第四幅圖片可能的發展，寫出一個涵蓋連環圖片內容並有完整結局的故事。

99年度學科能力測驗英文科試題詳解

第壹部分：單選題

一、詞彙：

1. (**C**) Mr. Lin is a very <u>productive</u> writer; he publishes at least five novels every year.
   林先生是一位非常<u>多產的</u>作家；他每年至少出版五本小說。
   (A) moderate〔'mɑdərɪt〕*adj.* 適度的
   (B) temporary〔'tɛmpə,rɛrɪ〕*adj.* 暫時的
   (C) ***productive***〔prə'dʌktɪv〕*adj.* 多產的；有生產力的
   (D) reluctant〔rɪ'lʌktənt〕*adj.* 不情願的
   publish〔'pʌblɪʃ〕*v.* 出版　　***at least*** 至少　　novel〔'nɑvḷ〕*n.* 小說

2. (**B**) Using a heating pad or taking warm baths can sometimes help to <u>relieve</u> pain in the lower back.
   使用電毯或洗熱水澡，有時候可以有助於<u>減輕</u>下背的疼痛。
   (A) polish〔'pɑlɪʃ〕*v.* 擦亮　　　(B) ***relieve***〔rɪ'liv〕*v.* 減輕
   (C) switch〔swɪtʃ〕*v.* 轉變　　　(D) maintain〔men'ten〕*v.* 維持
   heating〔'hitɪŋ〕*adj.* 加熱的；供熱的　　pad〔pæd〕*n.* 墊子
   heating pad 小電毯

3. (**D**) Peter stayed up late last night, so he drank a lot of coffee this morning to keep himself <u>awake</u> in class.
   彼得昨晚熬夜到很晚，所以他今天早上喝了很多咖啡，讓自己在課堂上保持<u>清醒</u>。
   (A) acceptable〔ək'sɛptəbḷ〕*adj.* 可接受的
   (B) amazed〔ə'mezd〕*adj.* 驚訝的
   (C) accurate〔'ækjərɪt〕*adj.* 正確的
   (D) ***awake***〔ə'wek〕*adj.* 醒著的；清醒的
   stay up 熬夜

4. (**A**) Due to <u>inflation</u>, prices for daily necessities have gone up and we have to pay more for the same items now.

由於<u>通貨膨脹</u>，日常用品的價格已經上揚，現在我們必須付更多錢買相同的物品。

(A) *inflation* 〔 ɪnˈfleʃən 〕 *n.* 通貨膨脹
(B) solution 〔 səˈluʃən 〕 *n.* 解決之道
(C) objection 〔 əbˈdʒɛkʃən 〕 *n.* 反對
(D) condition 〔 kənˈdɪʃən 〕 *n.* 情況

due to 由於　　 daily 〔ˈdelɪ 〕 *adj.* 日常的
necessity 〔 nəˈsɛsətɪ 〕 *n.* 必需品　　 *go up* 上升
item 〔ˈaɪtəm 〕 *n.* 物品

5. (**A**) The government is doing its best to <u>preserve</u> the cultures of the tribal people for fear that they may soon die out.

政府正在盡力<u>保存</u>部落人民的文化，以免它們可能很快就會消失。

(A) *preserve* 〔 prɪˈzɝv 〕 *v.* 保存
(B) frustrate 〔ˈfrʌstret 〕 *v.* 使受挫
(C) hesitate 〔ˈhɛzə͵tet 〕 *v.* 猶豫
(D) overthrow 〔͵ovɚˈθro 〕 *v.* 推翻

do one's best 盡力　　 culture 〔ˈkʌltʃɚ 〕 *n.* 文化
tribal 〔ˈtraɪbl̩ 〕 *adj.* 部落的　　 *for fear that* 以免；惟恐
die out 逐漸消失；滅絕

6. (**B**) I could not <u>resist</u> the sweet smell from the bakery, so I walked in and bought a fresh loaf of bread.

我無法<u>抵抗</u>麵包店傳來的香味，所以我就走進去買了一條新鮮的麵包。

(A) insist 〔 ɪnˈsɪst 〕 *v.* 堅持
(B) *resist* 〔 rɪˈzɪst 〕 *v.* 抵抗；抗拒
(C) obtain 〔 əbˈten 〕 *v.* 獲得
(D) contain 〔 kənˈten 〕 *v.* 包含

sweet 〔 swit 〕 *adj.* 芳香的　　 smell 〔 smɛl 〕 *n.* 味道
bakery 〔ˈbekərɪ 〕 *n.* 麵包店　　 loaf 〔 lof 〕 *n.* (麵包) 一條

7. (**C**) Steve has several meetings to attend every day; therefore, he has to work on a very <u>tight</u> schedule.

史蒂夫每天都必須參加很多場會議；因此，他工作的時間表非常緊湊。

(A) dense〔dɛns〕*adj.* 密集的；稠密的
(B) various〔ˈvɛrɪəs〕*adj.* 各式各樣的
(C) *tight*〔taɪt〕*adj.* 緊湊的；排得滿滿的
(D) current〔ˈkɝənt〕*adj.* 目前的；現在的

meeting〔ˈmitɪŋ〕*n.* 會議
attend〔əˈtɛnd〕*v.* 參加　　schedule〔ˈskɛdʒul〕*n.* 時間表

8. (**D**) Michael Phelps, an American swimmer, broke seven world records and won eight gold medals in men's swimming <u>contests</u> in the 2008 Olympics.

美國游泳選手麥可‧菲爾普斯，在 2008 年的奧運男子游泳<u>比賽</u>中，打破七項世界紀錄，並贏得八面金牌。

(A) drill〔drɪl〕*n.* 反覆練習
(B) technique〔tɛkˈnik〕*n.* 技術
(C) routine〔ruˈtin〕*n.* 例行公事
(D) *contest*〔ˈkɑntɛst〕*n.* 比賽

medal〔ˈmɛdl̩〕*n.* 獎牌　　Olympics〔oˈlɪmpɪks〕*n.* 奧運會

9. (**A**) Those college students work at the orphanage on a <u>voluntary</u> basis, helping the children with their studies without receiving any pay.

那些大學生<u>自願</u>在孤兒院服務，幫忙小孩的學業，沒有任何薪水。

(A) *voluntary*〔ˈvɑlənˌtɛrɪ〕*adj.* 自願的
　　on a voluntary basis 自願地
(B) competitive〔kəmˈpɛtətɪv〕*adj.* 競爭激烈的
(C) sorrowful〔ˈsɑrofəl〕*adj.* 悲傷的
(D) realistic〔ˌriəˈlɪstɪk〕*adj.* 現實的

orphanage〔ˈɔrfənɪdʒ〕*n.* 孤兒院　　basis〔ˈbesɪs〕*n.* 基礎
studies〔ˈstʌdɪz〕*n. pl.* 學業
receive〔rɪˈsiv〕*v.* 收到；接受　　pay〔pe〕*n.* 薪水

10. (**B**) Studies show that asking children to do house <u>chores</u>, such as taking out the trash or doing the dishes, helps them grow into responsible adults.

研究顯示，要求小孩做家事，像是倒垃圾或洗碗，能幫助他們長大以後變成負責任的大人。

(A) mission〔ˋmɪʃən〕*n.* 任務

(B) ***chores***〔tʃorz〕*n. pl.* 雜事

    house chores 家事（ = *household chores* = *housework* ）

(C) approach〔əˋprotʃ〕*n.* 方法　　(D) incident〔ˋɪnsədənt〕*n.* 事件

study〔ˋstʌdɪ〕*n.* 研究　　***take out the trash*** 倒垃圾

do the dishes 洗碗　　***grow into*** 長大成為

responsible〔rɪˋspɑnsəbl̩〕*adj.* 負責任的　　adult〔əˋdʌlt〕*n.* 成人

11. (**B**) John has been scolded by his boss for over ten minutes now. <u>Apparently</u>, she is not happy about his being late again. 約翰現在已經被老闆罵超過十分鐘了。顯然她對於他又遲到很不高興。

(A) expressively〔ɪkˋsprɛsɪvlɪ〕*adv.* 富於表情地

(B) ***apparently***〔əˋpɛrəntlɪ〕*adv.* 似乎；顯然

(C) immediately〔ɪˋmidɪɪtlɪ〕*adv.* 立刻

(D) originally〔əˋrɪdʒənl̩ɪ〕*adv.* 本來；最初

scold〔skold〕*v.* 責罵

12. (**C**) Since the orange trees suffered <u>severe</u> damage from a storm in the summer, the farmers are expecting a sharp decline in harvests this winter.

由於柳橙樹在夏天遭受暴風雨嚴重的破壞，所以農民預計今年冬天的收成會遽減。

(A) potential〔pəˋtɛnʃəl〕*adj.* 有潛力的

(B) relative〔ˋrɛlətɪv〕*adj.* 相對的

(C) ***severe***〔səˋvɪr〕*adj.* 嚴重的　　(D) mutual〔ˋmjutʃʊəl〕*adj.* 互相的

suffer〔ˋsʌfə〕*v.* 遭受　　expect〔ɪksˋpɛkt〕*v.* 預計；預料

sharp〔ʃɑrp〕*adj.* 急遽的　　decline〔dɪˋklaɪn〕*n.* 減少

harvest〔ˋhɑrvɪst〕*n.* 收穫（量）

13. (**A**) Typhoon Morakot claimed more than six hundred lives in early August of 2009, making it the most serious natural <u>disaster</u> in Taiwan in recent decades.

莫拉克颱風在 2009 年 8 月初奪去了超過六百人的性命，這使它成為台灣近幾十年來最嚴重的天災。

(A) ***disaster***〔dɪz'æstɚ〕*n.* 災難　　***natural disaster*** 天災

(B) barrier〔'bærɪɚ〕*n.* 障礙

(C) anxiety〔æŋ'zaɪətɪ〕*n.* 焦慮

(D) collapse〔kə'læps〕*n. v.* 倒塌

typhoon〔taɪ'fun〕*n.* 颱風　　　　claim〔klem〕*v.* 奪去
recent〔'risn̩t〕*adj.* 最近的　　　decade〔'dɛked〕*n.* 十年

14. (**C**) Robert was the only <u>witness</u> to the car accident. The police had to count on him to find out exactly how the accident happened.

羅伯特是這場車禍唯一的<u>目擊者</u>。警方必須靠他查出這場意外究竟是如何發生的。

(A) dealer〔'dilɚ〕*n.* 商人　　　　(B) guide〔gaɪd〕*n.* 導遊

(C) ***witness***〔'wɪtnɪs〕*n.* 目擊者

(D) client〔'klaɪənt〕*n.* 客戶

count on 依靠　　　　***find out*** 找出；查明
exactly〔ɪg'zæktlɪ〕*adv.* 究竟；到底

15. (**D**) Badly injured in the car accident, Jason could <u>scarcely</u> move his legs and was sent to the hospital right away.

傑森在這場車禍中受重傷，他<u>幾乎不</u>能移動他的雙腳，所以馬上就被送去醫院。

(A) accordingly〔ə'kɔrdɪŋlɪ〕*adv.* 因此

(B) undoubtedly〔ʌn'daʊtɪdlɪ〕*adv.* 無疑地

(C) handily〔'hændɪlɪ〕*adv.* 方便地；在手邊

(D) ***scarcely***〔'skɛrslɪ〕*adv.* 幾乎不（ = *hardly* ）

badly injured 受重傷的　　　move〔muv〕*v.* 移動
right away 馬上

二、綜合測驗：

Anita was shopping with her mother and enjoying it. Interestingly, both of them <u>ended up</u> buying the same pair of jeans.
　　　　　　　16

艾妮塔和她的媽媽去逛街，她們逛得很開心。有趣的是，她們兩人最後買了同一條牛仔褲。

> interestingly〔ˋɪntrɪstɪŋlɪ〕adv. 有趣的是【修飾整句】
> **the same pair of jeans** 同一條牛仔褲；指二條一模一樣的牛仔褲
> (= *two identical pairs of jeans*)

16. (**B**) (A) give up 放棄　　　　(B) **end up** + **V-ing** 以～結束；最後～
　　　　 (C) take to 熱中於；開始喜歡；開始做
　　　　 (D) used to + **V**. 以前～

According to a recent marketing study, young adults influence 88% of household clothing purchases. More often than not, those in their early twenties are the more <u>informed</u> consumers. There isn't a brand or a trend
　　　　　　　　　　　　　　17
that these young people are not aware of. That is why mothers who want to keep abreast of trends usually <u>turn to</u> the experts—their daughters.
　　　　　　　　　　　　　　　18
This tells the retailers of the world that if you want to get into a mother's <u>pocketbook</u>, you've got to win her daughter over first.
19

根據最近一項行銷研究調查，一個家庭要購買衣服時，年輕人的影響佔了88%。二十出頭的年輕人，多半是比較有知識的消費者。沒有一個品牌或流行趨勢，是這些年輕人不知道的。這就是為什麼想要跟上流行的媽媽們，通常會求助於專家——她們的女兒的原因。這也告訴了全世界的零售商，如果你想要賺到媽媽的錢，你必須先說服她的女兒。

> recent〔ˋrisn̩t〕adj. 最近的　　　marketing〔ˋmɑrkɪtɪŋ〕n. 行銷
> study〔ˋstʌdɪ〕n. 研究　　adult〔əˋdʌlt〕n. 成年人
> influence〔ˋɪnfluəns〕v. 影響 (= *affect*)
> household〔ˋhaʊs͵hold〕adj. 家庭的
> clothing〔ˋkloðɪŋ〕n. 衣服　　　purchase〔ˋpɝtʃəs〕n. 購買

more often than not 多半；常常（= *as often as not* = *very often*）
in one's early twenties 在某人二十歲出頭時
consumer〔kən'sumɚ〕*n.* 消費者　　brand〔brænd〕*n.* 品牌
trend〔trɛnd〕*n.* 流行；趨勢　　*be aware of* 知道
keep abreast of 不落後；跟得上　　expert〔'ɛkspɝt〕*n.* 專家
retailer〔'ritelɚ〕*n.* 零售商　　*win over* 說服

17. (**A**) 這一題主要考 informed 和 informative 的區別。
　　(A) *informed*〔ɪn'fɔrmd〕*adj.* 有知識的；見聞廣博的
　　　　（= *having a lot of knowledge*）
　　(B) informative〔ɪn'fɔrmətɪv〕*adj.* 知識性的
　　　　（= *giving information*）
　　(C) informal〔ɪn'fɔrml̩〕*adj.* 非正式的
　　(D) informational〔ˌɪnfɚ'meʃənl̩〕*adj.* 新聞的；訊息的
　　　　（= *about information*）

18. (**C**) (A) deal with 應付；處理　　(B) head for 前往（某地）
　　(C) *turn to sb.* 求助於某人　　(D) look into 往～裡面看；調查

19. (**D**) (A) textbook〔'tɛkst,bʊk〕*n.* 教科書
　　(B) notebook〔'not,bʊk〕*n.* 筆記本
　　(C) workbook〔'wɝk,bʊk〕*n.* 練習簿；作業簿
　　(D) *pocketbook*〔'pakɪt,bʊk〕*n.* 錢包
　　　　get into a mother's pocketbook 字面意思是「進入媽媽的錢包」，
　　　　在此引申為「賺到媽媽的錢」，相當於 get her to buy your
　　　　product。

　　With a DJ playing various kinds of music rather than just rap, and
a mix of clothing labels designed more for taste and fashion than for a
precise age, department stores have managed to appeal to successful
middle-aged women <u>without</u> losing their younger customers. They have
　　　　　　　　　　　　　20
created a shopping environment where the needs of both mother and
daughter are satisfied.

百貨公司請來 DJ，播放各種音樂，而非只有饒舌音樂，銷售各種品牌的衣服，是以品味和流行爲設計主軸，而非只針對特定的年齡層，如此一來，他們設法吸引到成功的中年女性，也沒有失去較年輕的顧客。他們創造出一個購物環境，在這裡媽媽和女兒的需求都可以被滿足。

> **DJ**〔'di,dʒe〕*n.* 音樂播放人（ = *disk jockey* = *deejay*）
>
> various〔'vɛrɪəs〕*adj.* 各種的　　***various kinds of*** 各種的
>
> ***rather than*** 而非　　rap〔ræp〕*n.* 饒舌音樂
>
> mix〔mɪks〕*n.* 混合（ = *mixture*）
>
> ***a mix of*** 各種的（ = *a variety of*）　　label〔'lebl〕*n.* 標籤
>
> design〔dɪ'zaɪn〕*v.* 設計　　taste〔test〕*n.* 喜好；品味
>
> fashion〔'fæʃən〕*n.* 流行；時髦　　precise〔prɪ'saɪs〕*adj.* 精確的
>
> ***managed to*** + ***V.*** 設法～　　***appeal to*** 吸引（ = *attract*）
>
> middle-aged〔'mɪdl̩,edʒd〕*adj.* 中年的　　create〔krɪ'et〕*v.* 創造
>
> environment〔ɪn'vaɪrənmənt〕*n.* 環境　　satisfy〔'sætɪs,faɪ〕*v.* 滿足

20.（ **D** ）依句意，百貨公司吸引到中年女性，也「沒有」失去較年輕的顧客，
　　故選 (D) ***without*** 。

　　Onions can be divided into two categories: fresh onions and storage onions. Fresh onions are available <u>in</u> yellow, red and white throughout
　　　　　　　　　　　　　　　　　21
their season, March through August. They can be <u>identified</u> by their thin,
　　　　　　　　　　　　　　　　　　　　　　　22
light-colored skin. Because they have a higher water content, they are typically sweeter and milder tasting than storage onions. This higher water content also makes <u>it</u> easier for them to bruise. With its delicate
　　　　　　　　　　　23
taste, the fresh onion is an ideal choice for salads and other lightly-cooked dishes.

　　洋蔥可以分成兩種：新鮮洋蔥和儲藏的洋蔥。新鮮洋蔥盛產季節在三月到八月，整個季節可以買到黃色、紅色和白色的，看它們薄薄的、淺色的皮就知道是新鮮洋蔥。因爲它們的水分含量較高，通常吃起來比儲藏的洋蔥甜，而且比較清爽。高含水量也使得新鮮洋蔥比較容易碰傷。因爲味道爽口，所以新鮮洋蔥適合做沙拉，和其他烹煮清淡的菜餚。

onion〔ˋʌnjən〕*n.* 洋蔥　　***be divided into*** 被分成
category〔ˋkætəˏgorɪ〕*n.* 種類　　storage〔ˋstorɪdʒ〕*n.* 儲藏；存放
available〔əˋveləbḷ〕*adj.* 買得到的；可獲得的
throughout〔θruˋaʊt〕*prep.* 整個（時期）；自始至終
season〔ˋsizn̩〕*n.* 季節；當季；盛產期
through〔θru〕*prep.*（從～）到…
light-colored〔ˋlaɪtˏkʌləd〕*adj.* 淺色的
skin〔skɪn〕*n.*（人、動物、蔬果的）皮
content〔ˋkɑntɛnt〕*n.* 含量
typically〔ˋtɪpɪkḷɪ〕*adv.* 典型地；通常
mild〔maɪld〕*adj.* 溫和的；清淡的　　taste〔test〕*v.* 品嚐；吃起來
bruise〔bruz〕*v.* 淤傷；碰傷　　delicate〔ˋdɛləkɪt〕*adj.* 美味的
ideal〔aɪˋdiəl〕*adj.* 理想的；適合的
lightly-cooked〔ˋlaɪtlɪˏkʊkt〕*adj.* 烹煮清淡的
dish〔dɪʃ〕*n.* 菜餚

21.（**C**）表示「以～形式、顏色等」被買到，介系詞應用 ***in***，故選 (C)。
如：Cookies come ***in*** a box.（餅乾被裝在盒子裡出售。）

22.（**C**）(A) grow〔gro〕*v.* 生長；種植
(B) taste〔test〕*v.* 品嚐；吃起來
(C) ***identify***〔aɪˋdɛntəˏfaɪ〕*v.* 辨認；分辨
(D) emphasize〔ˋɛmfəˏsaɪz〕*v.* 強調

23.（**D**）這句話的主詞是 This…content，動詞 makes 之後需要受詞，
easier 為受詞補語，而後面的不定詞 to bruise 是真正受詞，
所以空格應填入虛受詞，選 (D) ***it***。

Storage onions, on the other hand, are available August through April.
<u>Unlike</u> fresh onions, they have multiple layers of thick, dark, papery skin.
　24
They also have an <u>intense</u> flavor and a higher percentage of solids.　For
　　　25
these reasons, storage onions are the best choice for spicy dishes that
require longer cooking times or more flavor.

另一方面，儲藏的洋蔥在八月到四月買得到。不像新鮮洋蔥，它們有多層較厚、顏色較深、像紙一樣的皮。它們的味道也很強烈，固體物質含量較高。因為這些理由，儲藏的洋蔥是需要較長時間烹煮，或重口味辛辣菜色的最佳選擇。

> ***on the other hand*** 另一方面
> multiple〔ˋmʌltəp!〕*adj.* 多重的（= *many*）
> layer〔ˋleɚ〕*n.* 層　　dark〔dɑrk〕*adj.* 深色的
> papery〔ˋpepərɪ〕*adj.* 如紙的　　flavor〔ˋflevɚ〕*n.* 味道；口味
> percentage〔pɚˋsɛntɪdʒ〕*n.* 百分比【前面不接數詞】
> solid〔ˋsɑlɪd〕*n.* 固體物質　　reason〔ˋrizn〕*n.* 理由
> spicy〔ˋspaɪsɪ〕*adj.* 辛辣的
> require〔rɪˋkwaɪr〕*v.* 需要（= *need*）

24. (**A**) 儲藏的洋蔥的皮較厚、較深色，「不像」新鮮洋蔥，故介系詞選
(A) ***Unlike***。(B) through「穿過；經過」，(C) besides「除了～
之外（還有）」，(D) despite「儘管」，均不合。

25. (**B**) 形容洋蔥的味道，應是很「強烈」，故選 (B) ***intense***〔ɪnˋtɛns〕
adj. 強烈的。
(A) anxious〔ˋæŋkʃəs〕*adj.* 焦慮的
(C) organic〔ɔrˋgænɪk〕*adj.* 有機的
(D) effective〔əˋfɛktɪv〕*adj.* 有效的

　　Many people like to drink bottled water because they feel that tap water may not be safe, but is bottled water really any better?

　　Bottled water is mostly sold in plastic bottles and that's why it is potentially health <u>threatening</u>. Processing the plastic can lead to the
26
release of harmful chemical substances into the water contained in the bottles. The chemicals can be absorbed into the body and <u>cause</u> physical
27
discomfort, such as stomach cramps and diarrhea.

　　許多人喜歡喝瓶裝水，因為他們覺得，自來水可能不太安全，但是瓶裝水真的比較好嗎？

　　瓶裝水大多裝在塑膠瓶裡販售，那就是爲什麼可能威脅到健康的原因。加工塑膠瓶時，可能會導致有害的化學物質，被釋放到瓶中所裝的水裡。這些化學物質可能會被人體吸收，造成身體不適，例如急劇的腹痛和腹瀉。

> **bottled water** 瓶裝水　　tap〔tæp〕*n.* 水龍頭（= *faucet*）
> **tap water** 自來水　　plastic〔'plæstɪk〕*adj.* 塑膠的　*n.* 塑膠
> bottle〔'batḷ〕*n.* 瓶子　　potentially〔pə'tɛnʃəlɪ〕*adv.* 可能地
> process〔'prasɛs〕*v.* 加工　　**lead to** 導致；造成（= *cause*）
> release〔rɪ'lis〕*n.* 釋放　　harmful〔'hɑrmfəl〕*adj.* 有害的
> chemical〔'kɛmɪkḷ〕*adj.* 化學的　*n.* 化學物質
> substance〔'sʌbstəns〕*n.* 物質　　contain〔kən'ten〕*v.* 包含
> absorb〔əb'sɔrb〕*v.* 吸收　　physical〔'fɪzɪkḷ〕*adj.* 身體的
> discomfort〔dɪs'kʌmfət〕*n.* 不舒服
> cramp〔kræmp〕*n.* 抽筋；痙攣；(*pl.*) 急劇的腹痛
> diarrhea〔͵daɪə'riə〕*n.* 腹瀉

26. (**B**)　(A) frighten〔'fraɪtn̩〕*v.* 使害怕　　frightening *adj.* 可怕的
　　　　　(B) **threaten**〔'θrɛtn̩〕*v.* 威脅
　　　　　health threatening *adj.* 威脅到健康的
　　　　　(C) appeal〔ə'pil〕*v.* 吸引　　appealing *adj.* 吸引人的
　　　　　(D) promote〔prə'mot〕*v.* 升遷；提倡

27. (**A**)　這個句子的主詞是 The chemicals，連接詞 and 應是連接兩個動詞，前面動詞是現在式複數，空格也應是，故選 (A) **cause**。

　　Health risks can also result from inappropriate storage of bottled water. Bacteria can multiply if the water is kept on the shelves for too long or if it is exposed to heat or direct sunlight. <u>Since</u> the information
　　　　　　　　　　　　　　　　　　　　　　28
on storage and shipment is not always readily available to consumers, bottled water may not be a better alternative to tap water.

　　健康的風險，也可能來自於瓶裝水的貯藏不當。如果瓶裝水放在架子上太久，或是接觸到熱源或受到陽光直接照射，細菌可能就會繁殖。因爲有關貯藏和運送的資訊，消費者不一定能輕易獲得，所以瓶裝水可能不是比自來水更好的選擇。

risk〔rɪsk〕*n.* 危險；風險（= *danger* = *threat*）

result from 起因於【接原因；result in「導致」，接結果】

inappropriate〔ˌɪnə'proprɪɪt〕*adj.* 不當的

bacteria〔bæk'tɪrɪə〕*n. pl.* 細菌【單數為 bacterium〔bæk'tɪrɪəm〕】

multiply〔'mʌltə͵plaɪ〕*v.* 繁殖（= *reproduce*）

shelf〔ʃɛlf〕*n.* 架子【複數為 shelves〔ʃɛlvz〕】

expose〔ɪk'spoz〕*v.* 暴露；使接觸 < *to* >　　heat〔hit〕*n.* 熱

direct〔də'rɛkt〕*adj.* 直接的　　sunlight〔'sʌn͵laɪt〕*n.* 陽光

information〔ˌɪnfə'meʃən〕*n.* 資訊　　shipment〔'ʃɪpmənt〕*n.* 運送

not always 未必；不一定　　readily〔'rɛdɪlɪ〕*adv.* 容易地（= *easily*）

alternative〔ɔl'tɜnətɪv〕*n.* 選擇 < *to* >

28.（**C**）這個句子前後有兩個子句，可見空格應填入連接詞，依句意，「因為」資訊不足，所以瓶裝水不見得比較好，故選 (C) ***Since***，在此相當於 Because。(A) although「雖然」，和 (D) so「所以」均為連接詞，但句意不合；(B) despite「儘管」為介系詞，詞性、句意均不合。

Besides these safety issues, bottled water has other disadvantages.
　　　　　　　29
It contributes to global warming.　An estimated 2.5 million tons of
carbon dioxide were generated in 2006 by the production of plastic for
bottled water.　In addition, bottled water produces an incredible amount
of solid waste.　According to one research, 90% of the bottles used are
　　30
not recycled and lie for ages in landfills.

　　除了這些安全問題之外，瓶裝水還有其他缺點。它是促成全球暖化的原因之一。在 2006 年，因為製造瓶裝水所需的塑膠，估計產生了 250 萬噸的二氧化碳。此外，瓶裝水也造成了驚人數量的固態垃圾。根據一項研究，這些被使用過的瓶子百分之九十都沒有被回收，而（因無法分解）會在垃圾掩埋場裡埋上很久很久。

besides〔bɪ'saɪdz〕*prep.* 除了～之外（還有）（= *in addition to*）

issue〔'ɪʃju , 'ɪʃu〕*n.* 議題；問題

disadvantage〔ˌdɪsəd'væntɪdʒ〕*n.* 缺點

contribute〔kən'trɪbjut〕*v.* 貢獻；捐助；促成

contribute to 促成；是～的原因之一
global warming 全球暖化　　estimated〔'ɛstə,metɪd〕*adj.* 估計的
ton〔tʌn〕*n.* 噸【重量單位】　　carbon〔'karbən〕*n.* 碳【符號爲 C】
dioxide〔daɪ'aksaɪd〕*n.* 二氧化物
carbon dioxide 二氧化碳（ = CO_2 ）
generate〔'dʒɛnə,ret〕*v.* 產生；製造（ = *produce* ）
production〔prə'dʌkʃən〕*n.* 生產；製造
in addition 此外（ = *besides* ）　　produce〔prə'djus〕*v.* 產生
incredible〔ɪn'krɛdəbl̩〕*adj.* 令人無法相信的；驚人的
amount〔ə'maunt〕*n.* 數量　　solid〔'salɪd〕*adj.* 固態的
according to 根據　　research〔'risɜtʃ , rɪ'sɜtʃ〕*n.* 研究
recycle〔ri'saɪkl̩〕*v.* 回收　　lie〔laɪ〕*v.* 躺；存在
for ages 很久（ = *for a long time* ）
landfill〔'lænd,fɪl〕*n.* 垃圾掩埋場

29. (**D**) 依句意，上一段所提的是「安全」問題，故選 (D) **safety**〔'seftɪ〕*n.*
「安全」。而 (A) display〔dɪ'sple〕*n.*「展示」，(B) production
「生產」，(C) shipment「運送」，均不合。

30. (**A**) 由最後提到垃圾掩埋場可知，瓶裝水會製造「垃圾」問題，故選
(A) **waste**〔west〕*n.* 廢物；垃圾。
而 (B) resource〔rɪ'sors〕*n.* 資源，(C) ground〔graund〕*n.* 地面，
(D) profit〔'prafɪt〕*n.* 利潤，均不合句意。

三、文意選填：

Football is more than a sport; it is also an invaluable [31](C) teacher.
In teaching young players to cooperate with their fellows on the practice
[32](I) field, the game shows them the necessity of teamwork in society. It
prepares them to be [33](G) better citizens and persons.

　　足球不只是一項運動；它也是很寶貴的老師。在練習場上教導年輕球員要
和隊友合作時，足球比賽能讓他們明白，團隊合作在社會上的必要性。這能使
他們做好準備，成爲更好的公民和個人。

football〔'fʊt,bɔl〕n. 足球【足球、橄欖球，和美式足球的統稱】
more than 不只是　　invaluable〔ɪn'væljʊəbl̩〕adj. 珍貴的
player〔'pleə〕n. 選手；球員　　cooperate〔ko'ɑpə,ret〕v. 合作
fellow〔'fɛlo〕n. 同伴　　***practice field*** 練習場
show〔ʃo〕v. 使…明白　　necessity〔nə'sɛsətɪ〕n. 必要（性）
teamwork〔'tim,wɜk〕n. 團隊合作
prepare〔prɪ'pɛr〕v. 使…有所準備
citizen〔'sɪtəzn̩〕n. 公民；國民

Wherever football is played, the players learn the rough-and-tumble lesson that only through the [34](A) cooperation of each member can the team win. It is a lesson they must always [35](J) remember on the field. Off the field, they continue to keep it in mind.

　　無論在哪裡踢足球，球員都能學到艱苦的教訓，那就是唯有透過每位成員的合作，球隊才能獲勝。這是他們在球場上必須永遠記得的教訓。離開球場後，他們還是會持續將這一點牢記在心。

> rough-and-tumble 是一個複合形容詞，字面的意思是「粗魯又跌倒」，源自足球是一項粗魯的比賽（rough game），球員會被撞倒、跌倒（tumble）。
> rough-and-tumble　adj. 艱苦的【在字典上有很多解釋，但在此作「艱苦的」（= harsh = tough）解。】

lesson〔'lɛsn̩〕n. 敎訓　　through〔θru〕prep. 透過
cooperation〔ko,ɑpə'reʃən〕n. 合作　　member〔'mɛmbə〕n. 成員
team〔tim〕n. 隊伍　　off〔ɔf〕prep. 離開
keep…in mind 將…牢記在心

In society, the former player does not look upon himself as a lone wolf who has the right to remain [36](E) isolated from the society and go his own way. He understands his place in the team; he knows he is a member of society and must [37](D) behave himself as such. He realizes that only by cooperating can he do his [38](H) share in making society what it should be.

在社會上，以前踢過足球的人，不會認為自己是有權利與社會隔絕、我行我素的獨行俠。他知道自己在球隊裡的地位；他知道自己是社會的一份子，必須要表現出應有的樣子。他了解唯有合作，才能盡自己的本分，使社會變成應該有的情況。

> former〔ˈfɔrmɚ〕*adj.* 以前的；前任的
> ***look upon*** A ***as*** B　認為 A 是 B　　lone〔lon〕*adj.* 孤單的；孤獨的
> wolf〔wʊlf〕*n.* 狼　　***lone wolf***　獨行俠；獨來獨往的人
> right〔raɪt〕*n.* 權利　　remain〔rɪˈmen〕*v.* 依然；依舊
> isolated〔ˈaɪsḷˌetɪd〕*adj.* 孤立的；被隔離的
> ***go*** one's ***own way***　我行我素　　place〔ples〕*n.* 地位；身分
> ***behave*** oneself　表現得
> such〔sʌtʃ〕*pron.* 如此的人或事物【在此指 a member of society】
> 【例】I'm a gentleman and will be treated as <u>***such***</u>.
> 　　　　【as such 的用法參照「文法寶典」p.124】　(*a gentleman*)
> realize〔ˈriəlˌaɪz〕*v.* 知道；了解　　***do*** one's ***share***　盡本分

The man who has played football knows that teamwork is [39]**(F) essential** in modern living. He is also aware that every citizen must do his part if the nation is to [40]**(B) prosper**. So he has little difficulty in adjusting himself to his role in family life and in the business world, and to his duties as a citizen.
踢過足球的人都知道，在現代生活中，團隊合作是非常重要的。他也知道，如果國家要興盛，每位國民都必須盡自己的本分。所以他能毫不困難地適應自己在家庭生活中和商場上的角色，以及身為公民應盡的本分。

> essential〔ɪˈsɛnʃəl〕*adj.* 必要的；非常重要的
> living〔ˈlɪvɪŋ〕*n.* 生活　　aware〔əˈwɛr〕*adj.* 知道的；察覺到的
> ***do*** one's ***part***　盡本分 (= *do one's share*)
> ***be to V.*** 預定要…　　prosper〔ˈprɑspɚ〕*v.* 繁榮；興盛
> ***have little difficulty in V-ing***　在…方面沒什麼困難
> ***adjust*** oneself ***to***　使自己適應　　role〔rol〕*n.* 角色
> ***business world***　商業界；商場
> duty〔ˈdjutɪ〕*n.* 義務；本分；責任

四、閱讀測驗：

<u>41-44 為題組</u>

On the island of New Zealand, there is a grasshopper-like species of insect that is found nowhere else on earth. New Zealanders have given it the nickname *weta*, which is a native Maori word meaning "god of bad looks." It's easy to see why anyone would call this insect a bad-looking bug. Most people feel disgusted at the sight of these bulky, slow-moving creatures.

紐西蘭島上有一種在世界上其他地方找不到，長得很像蚱蜢的昆蟲。紐西蘭人給他一個綽號叫 weta（沙螽），當地毛利語的意思是「難看之神」。很容易就可以知道，為什麼人們要說這樣的蟲很難看。大部分的人一看到這些巨大，且緩慢移動的生物，都會覺得很噁心。

island（'aɪlənd）n. 島　　***New Zealand*** 紐西蘭
grasshopper（'græs,hɑpɚ）n. 蚱蜢
grasshopper-like（'græshɑpɚ,laɪk）adj. 像蚱蜢的
species（'spiʃiz）n. 物種　　insect（'ɪnsɛkt）n. 昆蟲
on earth 在世界上　　***New Zealander*** 紐西蘭人
nickname（'nɪk,nem）n. 綽號　　weta（'wetə）n. 沙螽
native（'netɪv）adj. 當地的
Maori（'maurɪ）adj. 毛利人的；毛利語的　　looks（luks）n. 外表
bad-looking（'bæd'lukɪŋ）adj. 不好看的；醜的
disgusted（dɪs'gʌstɪd）adj. 感到厭惡的
at the sight of 一看見　　bulky（'bʌlkɪ）adj. 巨大的
slow-moving（'slo'muvɪŋ）adj. 行動緩慢的
creature（'kritʃɚ）n. 生物

Wetas are nocturnal creatures; they come out of their caves and holes only after dark. A giant weta can grow to over three inches long and weigh as much as 1.5 ounces. Giant wetas can hop up to two feet at a time. Some of them live in trees, and others live in caves. They are very long-lived for insects, and some adult wetas can live as long as two years. Just like their cousins grasshoppers and crickets, wetas are able to "sing" by rubbing their leg parts together, or against their lower bodies.

　　沙螽是夜行性生物；牠們在天黑後才從洞穴裡爬出來。大型的沙螽可以長到超過三吋長，重達 1.5 盎司。大型沙螽每次跳躍可高達兩呎高。牠們有些住在樹上，有些住在洞穴裡。牠們是很長壽的昆蟲，有些成蟲可以活長達兩年。沙螽跟牠的近親蚱蜢和蟋蟀一樣，能夠藉由摩擦腿部或是下腹部來「唱歌」。

> nocturnal〔nɑkˋtɝnḷ〕*adj.* 夜間活動的　　cave〔kev〕*n.* 洞穴
> hole〔hol〕*n.* 洞　　***after dark*** 天黑之後
> giant〔ˋdʒaɪənt〕*adj.* 巨大的　　weigh〔we〕*v.* 重～
> ounce〔auns〕*n.* 盎司（ = 1/16 磅）　　hop〔hɑp〕*v.* 跳躍
> ***up to*** 高達；多達　　***at a time*** 一次
> long-lived〔ˋlɔŋˋaɪvd〕*adj.* 長壽的
> adult〔ˋædʌlt, əˋdʌlt〕*adj.* 成熟的
> cousin〔ˋkʌzn̩〕*n.* 堂（表）兄弟姊妹；同類；密切相關的人或物
> cricket〔ˋkrɪkɪt〕*n.* 蟋蟀　　rub〔rʌb〕*v.* 摩擦

Most people probably don't feel sympathy for these endangered creatures, but they do need protecting. The slow and clumsy wetas have been around on the island since the times of the dinosaurs, and have evolved and survived in an environment where they had no enemies until rats came to the island with European immigrants. Since rats love to hunt and eat wetas, the rat population on the island has grown into a real problem for many of the native species that are unaccustomed to **its** presence, and poses a serious threat to the native weta population.

　　大多數人可能不會對這些瀕臨絕種的生物感到同情，但牠們的確需要保護。這些行動緩慢、醜陋而笨拙的沙螽，自從恐龍時代就已經存在於島上，在老鼠隨著歐洲移民來到島上之前，牠們一直演化，並生存在一個沒有天敵的環境中。由於老鼠喜歡捕食沙螽，島上的老鼠族群，對許多無法習慣牠們存在的當地物種而言，已成為一個很大的問題，而且對當地的沙螽族群造成了嚴重的威脅。

> sympathy〔ˋsɪmpəθɪ〕*n.* 同情
> endangered〔ɪnˋdendʒɝd〕*adj.* 瀕臨絕種的
> clumsy〔ˋklʌmzɪ〕*adj.* 笨拙而難看的

around〔ə'raʊnd〕*adj.* 存在的

times〔taɪmz〕*n. pl.* 時代;時期　　dinosaur〔'daɪnə,sɔr〕*n.* 恐龍

evolve〔ɪ'vɑlv〕*v.* 演化　　survive〔sə'vaɪv〕*v.* 存活

enemy〔'ɛnəmɪ〕*n.* 敵人;天敵　　rat〔ræt〕*n.* 老鼠

immigrant〔'ɪməgrənt〕*n.* 移民　　hunt〔hʌnt〕*v.* 獵捕

population〔,pɑpjə'leʃən〕*n.* 某區域內生物的總數;族群;人口

unaccustomed〔ʌnə'kʌstəmd〕*adj.* 不習慣的

presence〔'prɛzn̩s〕*n.* 存在　　pose〔poz〕*v.* 引起;造成

threat〔θrɛt〕*n.* 威脅

41.(**D**) 本文最<u>不</u>可能出自下列何者?

(A) 科學雜誌。　　　　　(B) 旅遊指南。

(C) 生物課本。　　　　　(D) <u>商業期刊。</u>

biology〔baɪ'ɑlədʒɪ〕*n.* 生物學　　guide〔gaɪd〕*n.* 指南

textbook〔'tɛkst,bʊk〕*n.* 教科書;課本

journal〔'dʒɜnl̩〕*n.* 期刊

42.(**A**) 根據本文,下列敘述何者正確?

(A) <u>沙螽令人看起來不舒服。</u>　　(B) 沙螽是最近發現的昆蟲。

(C) 毛利人將自己暱稱為 Wetas(沙螽)。

(D) 歐洲人將沙螽帶到紐西蘭。

unpleasant〔ʌn'plɛznt〕*adj.* 令人不愉快的

newly〔'njulɪ〕*adv.* 新近;最近　　Maori〔'maʊrɪ〕*n.* 毛利人

nickname〔'nɪk,nem〕*v.* 給…取綽號

43.(**C**) 下列對沙螽的敘述何者是正確的?

(A) 牠們行動快速。　　　　(B) 牠們白天很活躍。

(C) <u>牠們的數量正在減少中。</u>

(D) 就昆蟲而言,牠們的壽命很短。

description〔dɪ'skrɪpʃən〕*n.* 描述

accurate〔'ækjərɪt〕*adj.* 正確的

movement〔'muvmənt〕*n.* 移動;動作　　active〔'æktɪv〕*adj.* 活躍的

daytime〔'de,taɪm〕*n.* 白天　　lifespan〔'laɪfspæn〕*n.* 壽命

44. (**A**) 下列何者是最後一段 its（牠的）的最佳解釋？

  (A) 老鼠的。   (B) 沙蚤的。

  (C) 島嶼的。   (D) 恐龍的。

  * 因為 its 是單數型的所有格，也就代表 it 所指的是 the rat population。

 appropriate〔ə'proprɪɪt〕 *adj.* 適合的

 interpretation〔ɪn,tɜprɪ'teʃən〕 *n.* 解釋

45-48 為題組

  The high school prom is the first formal social event for most American teenagers. It has also been a rite of passage for young Americans for nearly a century.

  中學舞會是大部分美國青少年，第一次正式的社交活動。它也是將近一世紀以來，美國年輕人的成年禮儀。

 prom〔prɑm〕 *n.*（通常為隆重的）舞會（尤指高中或大學班級舉辦的）

 formal〔'fɔrməl〕 *adj.* 正式的

 social〔'soʃəl〕 *adj.* 社交的；聯誼的

 event〔ɪ'vɛntɪ〕 *n.* 事件；活動

 teenager〔'tin,edʒɚ〕 *n.* 青少年（13 至 19 歲的人）

 rite〔raɪt〕 *n.* 儀式 passage〔'pæsɪdʒ〕 *n.* 通過；轉變

 rite of passage 通過儀式【在某人的一生中，表示從一階段進入另一

  階段轉捩點的儀式或慶典，如從青少年進入成年】

  The word "prom" was first used in the 1890s, referring to formal dances in which the guests of a party would display their fashions and dancing skills during the evening's grand march. In the United States, parents and educators have come to regard the prom as an important lesson in social skills. Therefore, proms have been held every year in high schools for students to learn proper social behavior.

  「舞會」這個字最早用於一八九○年代，指的是正式的舞會，而來賓會在晚上舞會盛大的開始儀式中，展示他們的時裝及舞蹈技巧。在美國，父母親和老師，已經把舞會認為是社交技巧中，重要的一課。因此，中學每年舉行舞會，好讓學生學會合適的社交行為。

> ***refer to*** 指的是　　dance〔dæns〕*n.* 舞會
> display〔dɪ'sple〕*v.* 展示　　fashion〔'fæʃɪn〕*n.* 時尚；時裝
> grand〔grɛnd〕*adj.* 盛大的　　march〔mɑrtʃ〕*n.* 行進
> ***grand march***　（舞會上賓客繞場一周的）開始儀式
> educator〔'ɛdʒə͵ketə〕*n.* 教育家；教師
> ***come to***　達到（某種狀態）；結果是
> ***regard A as B***　認爲 A 是 B　　proper〔'prɑpə〕*adj.* 適當的
> behavior〔bɪ'hevjə〕*n.* 行爲

  The first high school proms were held in the 1920s in America. By the 1930s, proms were common across the country. For many older Americans, the prom was a modest, home-grown affair in the school gymnasium. Prom-goers were well dressed but not fancily dressed up for the occasion: boys wore jackets and ties and girls their Sunday dresses. Couples danced to music provided by a local amateur band or a record player. After the 1960s, and especially since the 1980s, the high school prom in many areas has become a serious exercise in excessive consumption, with boys renting expensive tuxedos and girls wearing designer gowns. Stretch limousines were hired to drive the prom-goers to expensive restaurants or discos for an all-night extravaganza.

  美國最早的中學舞會，是在一九二○年代舉辦的。到了一九三○年代，舞會在全國各地就很常見了。對於許多較年長的美國人而言，舞會是一種在學校體育館裡，一件很樸實、又有本地特色的事。去參加舞會的人，會穿著考究，但不會爲了這個場合，很做作地盛裝打扮：男生會穿夾克、打領帶，而女生則是穿上她們最好的衣服。舞伴們會隨著由當地業餘樂隊，或是電唱機所提供的音樂翩翩起舞。一九六○年代之後，尤其是自從一九八○年代以來，許多地區的中學舞會，已經變成一種重要的活動，而且會過度花費，男生租借昂貴的燕尾服，而女生則穿著由設計師設計的禮服。租用加長型的大型豪華轎車，載送去參加舞會的人到昂貴的餐廳，或是迪斯可舞廳，爲的是參加整晚的盛大活動。

> ***across the country***　在全國
> modest〔'mɑdɪst〕*adj.* 端莊的；樸素的
> home-grown〔͵hom'grɔn〕*adj.* 本地的；有本地特色的

affair〔ə'fɛr〕*n.* 事情　　gymnasium〔dʒɪm'nezɪəm〕*n.* 體育館
well dressed〔ˌwɛl'drɛst〕*adj.* 穿著考究的
fancily〔'fænsɪlɪ〕*adv.n.* 做作地　　***dress up*** 盛裝打扮
occasion〔ə'keʒən〕*n.* 場合　　jacket〔'dʒækɪt〕*n.* 夾克
tie〔taɪ〕*n.* 領帶

> ***Sunday dress***（= *Sunday best*）
> ① 最好的衣服（= *nicest dress*）
> ② 上教堂穿的衣服（= *clothing worn to church*）
> 【因美國人習慣在星期天穿最好的衣服，上教堂做禮拜】

---

couple〔'kʌpəl〕*n.* 夫妻；情侶；一對舞伴
to music 隨著音樂　　amateur〔'æməˌtʃur, -tʃɚ〕*adj.* 業餘的
record player 電唱機　　especially〔ɛ'spɛʃəlɪ, ɪ'spɛʃ-〕*adv.* 尤其
serious〔'sɪrɪəs〕*adj.* 重要的　　exercise〔'ɛksɚˌsaɪz〕*n.* 活動
excessive〔ɪk'sɛsɪv〕*adj.* 過度的
consumption〔kən'sʌmpʃən〕*n.* 消費　　rent〔rɛnt〕*v.* 租借
tuxedo〔tʌk'sido〕*n.* 燕尾服
designer〔dɪ'zaɪnɚ〕*adj.* 由設計師專門設計的
gown〔gaʊn〕*n.* 禮服
stretch〔strɛtʃ〕*adj.* 車輛擴大座位區的；加長型的
limousine〔ˌlɪmə'zin, 'lɪməˌzin〕*n.* 大型豪華轎車
【接送旅客的大型轎車，特指由專用司機駕駛的豪華轎車，有時乘客
　和駕駛座之間會相隔開】　　hire〔haɪr〕*v.* 租用
disco〔'dɪsko〕*n.* 迪斯可舞廳　　all-night〔ˌɔl'naɪt〕*adj.* 整夜的
extravaganza〔ɪkˌstrævə'gænzə〕*n.* 盛事；盛大慶典

　　Whether simple or lavish, proms have always been more or less traumatic events for adolescents who worry about self-image and fitting in with their peers.　Prom night can be a dreadful experience for socially awkward teens or for those who do not secure dates.　Since the 1990s, alternative proms have been organized in some areas to meet the needs of particular students.　For example, proms organized by and for homeless youth were reported.　There were also "couple-free" proms to which all students are welcome.

　　無論是簡單或奢華，舞會對於擔心自我形象，以及和同輩可不可以合得來的青少年而言，或多或少都是痛苦的事情。對於在社交方面很笨拙的青少年，或是那些沒找到約會對象的人而言，舞會之夜可能是可怕的經驗。自從一九九〇年代以來，在某些地區就籌辦過另類的舞會，來滿足特定學生的需求。例如，據報導，就有專為無家可歸的年輕人所舉辦的舞會。也有「無舞伴的」舞會，歡迎所有的學生參加。

lavish〔'lævɪʃ〕*adj.* 奢華的　　　***more or less*** 或多或少
traumatic〔trɔ'mætɪk〕*adj.* 痛苦的
event〔ɪ'vɛnt〕*n.* 事件；大型活動
adolescent〔͵ædl'ɛsənt〕*n.* 青少年
self-image〔'sɛlf'ɪmɪdʒ〕*n.* 自我形象　　***fit in with*** … 與…合得來
peer〔pɪr〕*n.* 同輩；同儕　　dreadful〔'drɛdfəl〕*adj.* 可怕的
socially〔'soʃəlɪ〕*adv.* 在社交上　　awkward〔'ɔkwəd〕*adj.* 笨拙的
teens〔tinz〕*n. pl.* 青少年（= *teenagers*）
secure〔sɪ'kjur〕*v.* 找到；獲得　　date〔det〕*n.*（異性的）約會對象
alternative〔ɔl'tɜnətɪv〕*adj.* 供選擇的；另類的
organize〔'ɔrgə͵naɪz〕*v.* 組織；籌辦
particular〔pə'tɪkjələ〕*adj.* 特殊的；特定的
homeless〔'homləs〕*adj.* 無家可歸的
-free 無…【構詞成分，用以構成形容詞和副詞】

45.（**C**）為什麼中學舞會對美國的青少年很重要？
　　(A) 它們是畢業典禮的一部分。
　　(B) 它們是青少年用來炫燿他們的大型豪華轎車的場合。
　　(C) <u>它們是青少年學習社交技巧的重要活動。</u>
　　(D) 它們是青少年分享痛苦經驗的正式活動。

significant〔sɪg'nɪfɪkənt〕*adj.* 重要的
graduation〔͵grædʒu'eʃən〕*n.* 畢業　　ceremony〔'sɛrə͵monɪ〕*n.* 典禮

46.（**D**）第三段的主旨為何？
　　(A) 去參加舞會的人必須遵守適當的社交行為。
　　(B) 早期所舉辦的舞會給青少年的壓力較少。
　　(C) 舞會被認為很重要，因為每個人都為這個場合盛裝打扮。
　　(D) <u>這些年來，舞會已經從很樸素的活動，變成很豪華的聚會。</u>

observe〔əb'zɝv〕*v.* 遵守
glamorous〔'glæmərəs〕*adj.* 豪華的；奢侈的

47.(**D**) 根據本文，是什麼導致另類的舞會的出現？
　　(A) 並不是所有的學生在舞會裡都舉止良好。
　　(B) 舞會太莊重了，不適合去參加舞會的年輕人。
　　(C) 青少年想要和他們的約會對象去參加舞會。
　　(D) <u>有特別需求的學生不喜歡傳統的舞會。</u>
　　conventional〔kən'vɛnʃənəl〕*adj.* 傳統的

48.(**C**) 下列敘述何者為真？
　　(A) 自從一九六○年代以來，就一直在舉辦非傳統的舞會。
　　(B) 一九八○年代，會在當地的教堂舉行舞會，讓青少年參加。
　　(C) <u>自從一九三○年代以來，舞會在美國中學已經變成很重要的</u>
　　　　<u>活動。</u>
　　(D) 在一八九○年代，中學舞會對於一些美國家庭而言，是整晚的
　　　　社交活動。
　　attend〔ə'tɛnd〕*v.* 參加

<u>49-52 為題組</u>

　　No budget for your vacation?　Try home exchanges—swapping houses with strangers.　Agree to use each other's cars, and you can save bucks on car rentals, too.

　　沒錢去度假嗎？那就試試交換房屋 ── 和陌生人交換房子。如果雙方同意可以用彼此的車子，那麼你也可以因此省下租車的錢。

　　　　budget〔'bʌdʒɪt〕*n.* 預算　　exchange〔ɪks'tʃedʒ〕*n.* 交換
　　　　swap〔swɑp〕*v.* 交換　　　buck〔bʌk〕*n.* 一美元
　　　　rental〔'rɛntḷ〕*n.* 租金

　　Home exchanges are not new.　At least one group, Intervac, has been facilitating such an arrangement since 1953.　But trading online is gaining popularity these days, with several sites in operation, including HomeExchanges.　Founded in 1992, with some 28,000 listings, this company ***bills*** itself as the world's largest home exchange club, reporting that membership has increased 30% this year.

交換房屋的活動早就有了。自 1953 年開始，至少已經有一個集團，也就是Intervac公司，在安排這樣的活動。不過，最近在網路上交易變得越來越普遍，有好幾個網站在營運，HomeExchanges就是其中之一。這家公司於 1992 年創立，有大約兩萬八千筆資料，大力宣傳自己是全世界最大的交換房屋俱樂部，他們表示，今年的會員已經成長了百分之三十。

group〔grup〕*n.* 集團　　facilitate〔fə'sɪlə,tet〕*v.* 促進；幫助
arrangement〔ə'rendʒmənt〕*n.* 安排　　trade〔tred〕*v.* 交易
online〔'ɑn,laɪn〕*adv.* 在網路上　　gain〔gen〕*v.* 獲得；增加
popularity〔,pɑpjə'lærətɪ〕*n.* 流行；受歡迎
site〔saɪt〕*n.* 網站（= *website*）　　*in operation* 營運中；運作中
found〔faʊnd〕*v.* 創立　　some〔sʌm〕*adv.* 大約
listing〔'lɪstɪŋ〕*n.* 名單；名冊　　bill〔bɪl〕*v.* 宣傳（= *advertise*）
report〔rɪ'port〕*v.* 報導　　membership〔'mɛmbə,ʃɪp〕*n.* 會員

The annual fee is usually less than US$100. Members can access thousands of listings for apartments, villas, suburban homes and farms around the world. Initial contact is made via e-mail, with subsequent communication usually by phone. Before a match is made, potential swappers tend to discuss a lot.

年費通常不超過一百美元。會員可以瀏覽幾千張清單，搜尋世界各地的公寓、別墅、郊區的房子，以及農場。最初的接觸都是透過電子郵件，之後通常就會用電話聯繫。在配對成功之前，可能會交換房屋的人，都會經常進行討論。

annual〔'ænjʊəl〕*adj.* 每年的　　fee〔fi〕*n.* 費用
access〔'ɛksɛs〕*v.* 存取（資料）；使用　　villa〔'vɪlə〕*n.* 別墅
suburban〔sə'bɝbən〕*adj.* 郊區的　　*around the world* 全世界
initial〔ɪ'nɪʃəl〕*adj.* 最初的　　via〔'vaɪə〕*prep.* 經由
subsequent〔'sʌbsɪ,kwɛnt〕*adj.* 之後的　　match〔mætʃ〕*n.* 配對
potential〔pə'tɛnʃəl〕*adj.* 可能的　　swapper〔'swɑpə〕*n.* 交換者
tend to V. 傾向於；易於　　*a lot* 常常（= *often*）

However, the concept may sound risky to some people. What about theft? Damage? These are reasonable causes for concern, but equally unlikely. As one swapper puts it, "Nobody is going to fly across the ocean or drive 600 miles to come steal your TV. Besides, at the same time they're staying in your home, you are staying in their home."

　　然而，這想法對某些人來說，或許聽起來有點冒險。如果發生偷竊怎麼辦？
如果造成損害呢？這些顧慮的確很合理，但同樣是不太可能的。正如同一位交
換房屋者所說的：「沒有人會飛越海洋，或開 600 哩的車去偷你的電視。此外，
當他們住在你家時，你也正住在他們家。」

concept〔'kɑnsɛpt〕*n.* 觀念；想法
risky〔'rɪskɪ〕*adj.* 危險的；冒險的　　theft〔θɛft〕*n.* 偷竊
reasonable〔'riznəbl̩〕*adj.* 合理的　　cause〔kɔz〕*n.* 原因；理由
concern〔kən'sɜn〕*n.* 擔心　　equally〔'ikwəlɪ〕*adv.* 同樣地
unlikely〔ʌn'laɪklɪ〕*adj.* 不可能的
swapper〔'swɑpɚ〕*n.* 交換者（= *exchanger*）
put〔pʊt〕*v.* 說　　stay〔ste〕*v.* 暫住

　　Exchange sites recommend that swappers discuss such matters ahead
of time. They may fill out an agreement spelling out who shoulders which
responsibilities if a problem arises. It does not matter if the agreement
would hold up in court, but it does give the exchangers a little satisfaction.

　　換屋仲介網站建議交換者要事先討論這些問題。他們可以填寫協議書，
詳細說明問題發生時該由誰負責。該協議書是否具有效力並不重要，不過它
的確能使交換者愉快一點。

recommend〔ˌrɛkə'mɛnd〕*v.* 推薦；建議　　***ahead of time*** 事先
fill out 填寫　　agreement〔ə'grimənt〕*n.* 協議
spell out 詳細說明　　shoulder〔'ʃoldɚ〕*v.* 承擔
responsibility〔rɪˌspɑnsə'bɪlətɪ〕*n.* 責任　　arise〔ə'raɪz〕*v.* 發生
court〔kort〕*n.* 法庭
hold up in court 有法律效力（= *be legally binding*）
satisfaction〔ˌsætɪs'fækʃən〕*n.* 滿意；愉快

　　Generally, the biggest complaint among home exchangers has to do
with different standards of cleanliness. Swappers are supposed to make
sure their home is in order before they depart, but one person's idea of
"clean" may be more forgiving than another's. Some owners say if they
come back to a less-than-sparkling kitchen, it may be inconvenient but
would not sour them on future exchanges.

一般說來，換屋者最大的抱怨，是和對整潔的標準不同有關。換屋者應該確保房屋在他們離開之前是井然有序的，但一個人對「整潔」的看法，可能比另一個人更寬鬆。有些屋主表示，如果他們回家時發現廚房不夠閃閃發亮，這或許會不太方便，但並不會使他們未來討厭進行交換。

generally〔'dʒɛnərəlɪ〕adv. 一般說來
complaint〔kəm'plent〕n. 抱怨　　**have to do with** 和～有關
standard〔'stændəd〕n. 標準　　cleanliness〔'klɛnlɪnɪs〕n. 清潔
be supposed to 應該　　**in order** 整齊；井然有序
depart〔dɪ'part〕v. 離開　　forgiving〔fə'gɪvɪŋ〕adj. 寬容的
sparkling〔'sparklɪŋ〕adj. 發亮的
inconvenient〔ˌɪnkən'vinjənt〕adj. 不方便的
sour〔saʊr〕v. 使變得討厭

49.(**B**) 第二段的主旨為何？
　　(A) 如何換屋。　　　　　　　(B) 房屋交換是如何變得普遍。
　　(C) 最大的換屋公司。
　　(D) Intervac 和 HomeExchange 這兩家公司的差異。
　　contrast〔'kantræst〕n. 對比；差異

50.(**A**) 下列哪一個字最接近第二段中的 **bills** 這個字？
　　(A) 宣傳　　　　(B) 奉獻　　　　(C) 取代　　　　(D) 參與
　　dedicate〔'dɛdəˌket〕v. 奉獻

51.(**B**) 換屋者通常如何開始溝通？
　　(A) 藉由電話。　　　　　　　(B) 藉由電子郵件。
　　(C) 藉由媒人。　　　　　　　(D) 藉由面對面的溝通。
　　matchmaker〔'mætʃˌmekə〕n. 媒人

52.(**C**) 本文建議如何處理偷竊與損害？
　　(A) 可以向法院提出訴訟。　　(B) 雙方可以在線上交易。
　　(C) 雙方可以事先簽訂協議書。
　　(D) 可以破壞另一方的房子作為報復。
　　deal with 處理　　concern〔kən'sɝn〕n. 關心的事；事務
　　file〔faɪl〕v. 提出　　lawsuit〔'lɔˌsut〕n. 訴訟
　　party〔'partɪ〕n. 一方　　sign〔saɪn〕v. 簽署
　　beforehand〔bɪ'forˌhænd〕adv. 事先；預先　　**in return** 作為回報

53-56 為題組

Bekoji is a small town of farmers and herders in the Ethiopian highlands. There, time almost stands still, and horse-drawn carts outnumber motor vehicles. Yet, it has consistently yielded many of the world's best distance runners.

貝克基是一個位於衣索比亞高原，只有農民和牧者的小鎮。在這裡，時間幾乎靜止，馬車的數目比汽車還多。但是，它卻持續出產許多全世界最棒的長跑選手。

> Bekoji〔bɛˈkɔdʒɪ〕*n.* 貝克基【位於衣索比亞的小鎮，坐落於海拔四千三百公尺的火山，世界許多優秀的長跑選手皆來自於此】
> herder〔ˈhɝdɚ〕*n.* 牧人
> Ethiopian〔ˌiθɪˈopɪən〕*n.* 衣索比亞人　*adj.* 衣索比亞的
> highland〔ˈhaɪlənd〕*n.* 高地；高原
> stand〔stænd〕*v.* 站立；處於…的狀態
> still〔stɪl〕*adj.* 不動的　　***stand still*** 停滯；不動
> horse-drawn〔ˈhɔrsˈdrɔn〕*adj.* 用馬拉的
> cart〔kɑrt〕*n.* 輕便馬車
> outnumber〔aʊtˈnʌmbɚ〕*v.* 比…多　　***motor vehicle*** 汽車
> consistently〔kənˈsɪstəntlɪ〕*adv.* 一貫地；一直；老是
> yield〔jild〕*v.* 出產；產生　　***distance runner*** 長跑選手

It's tempting, when breathing the thin air of Bekoji, to focus on the special conditions of the place. The town sits on the side of a volcano nearly 10,000 feet above sea level, making daily life a kind of high-altitude training. Children in this region often start running at an early age, covering great distances to fetch water and firewood or to reach the nearest school. Added to this early training is a physical trait shared by people there—disproportionately long legs, which is advantageous for distance runners.

當呼吸著貝克基稀薄的空氣時，會讓人很想注意到此地特殊的環境，這個小鎮坐落在高於海平面一萬呎的火山山腰處，讓日常生活都像是一種高海拔的訓練。這個地區的孩子往往在很小的時候就開始跑步，跑過很長的距離

去取水和柴薪，或是到達最近的學校。除了早年的訓練之外，這裡的人們都有的另一個身體上的特色——就是不成比例的長腿，這對長跑選手而言是非常有利的。

tempting〔ˋtɛmptɪŋ〕adj. 吸引人的　　breathe〔brið〕v. 呼吸

thin〔θɪn〕adj. 稀薄的　*focus on* 專注於

conditions〔kənˋdɪʃəns〕n. pl.（週遭）狀況；環境

sit on 位於；坐落於　　side〔saɪd〕n. 山腰

volcano〔valˋkeno〕n. 火山　　nearly〔ˋnɪrlɪ〕adv. 將近

sea level 海平面　　*daily life* 日常生活

altitude〔ˋæltə,tjud〕n. 海拔；高度

region〔ˋridʒən〕n. 地區　　cover〔ˋkʌvɚ〕v. 涵蓋；行走；走過

fetch〔fɛtʃ〕v. 去拿　　firewood〔ˋfaɪr,wʊd〕n. 柴薪

physical〔ˋfɪzɪkḷ〕adj. 身體的　　trait〔tret〕n. 特徵

disproportionately〔,dɪsprəˋpɔrʃənɪtlɪ〕adv. 不成比例地

advantageous〔,ædvənˋtedʒəs〕adj. 有利的

A strong desire burns inside Bekoji's young runners. Take the case of Million Abate. Forced to quit school in fifth grade after his father died, Abate worked as a shoe-shine boy for years. He saw a hope in running and joined Santayehu Eshetu's training program. This 18-year-old sprinted to the finish of a 12-mile run with his bare feet bleeding. The coach took off his own Nikes and handed them to him. To help Abate continue running, the coach arranged a motel job for him, which pays $9 a month.

　　貝克基的年輕選手體內燃燒著一股強烈的渴望。以米利恩・阿巴特爲例，他五年級的時候父親過世，被迫放棄學業，擔任擦鞋童很多年。他在跑步中看到希望，加入山塔耶夫・厄什圖的培訓計畫。這位十八歲的男孩跑了 12 英里，用流著血的赤裸雙腳，全力衝刺跑向終點。教練脫下自己的耐吉球鞋，然後把球鞋交給他。爲了幫助阿巴特繼續跑步，教練幫他安排一份汽車旅館的工作，每個月薪水九塊錢。

desire〔dɪˋzaɪr〕n. 渴望　　burn〔bɝn〕v. 燃燒

case〔kes〕n. 例子；情況　　*take the case of*… 舉…爲例

Million Abate〔ˋmɪljənɑˋbate〕n. 米利恩・阿巴特

be forced to + *V.* 被迫～　　quit〔kwɪt〕*v.* 放棄；退（學）
grade〔gred〕*n.* 年級　　*a shoe-shine boy* 擦鞋童
for years 多年；很久　　running〔'rʌnɪŋ〕*n.* 賽跑；跑步
Santayehu Eshetu *n.* 山塔耶夫‧厄什圖【衣索比亞長跑教練】
program〔'progræm〕*n.* 計畫　　sprint〔sprɪnt〕*v.* 全力衝刺
finish〔'fɪnɪʃ〕*n.* 終結；終點　　run〔rʌn〕*n.* 賽跑
bare feet 光腳；打赤腳　　bleed〔blid〕*v.* 流血
coach〔kotʃ〕*n.* 教練　　*take off* 脫下
Nikes〔'naɪkis〕*n. pl.* 耐吉牌球鞋
hand sth. to sb. 將某物交給某人　　arrange〔ə'rendʒ〕*v.* 安排
motel〔mo'tɛl〕*n.* 汽車旅館　　pay〔pe〕*v.* 支付（薪水）

　　Most families in Bekoji live from hand to mouth, and distance running offers the younger generation a way out. Bekoji's legend Derartu Tulu, who won the 10,000-meter Olympic gold medals in 1992 and 2000, is a national hero. As a reward, the government gave her a house. She also won millions of dollars in the races.

　　在貝克基，大多數的家庭，生活都僅夠糊口，而長跑提供年輕的世代一個出路。貝克基的傳奇人物德拉圖‧圖魯，在一九九二年和二〇〇〇年，贏得一萬公尺的奧運金牌，成為全國英雄。衣索比亞政府給她一棟房子作為獎賞。她在競賽中也贏得了數百萬美元。

　　live from hand to mouth 生活僅夠糊口
　　distance running 長跑　　offer〔'ɔfɚ〕*v.* 提供
　　generation〔,dʒɛnə'reʃən〕*n.* 世代
　　a way out 解決問題的辦法；出路
　　legend〔'lɛdʒənd〕*n.* 傳奇人物
　　Derartu Tulu *n.* 德拉圖‧圖魯【1972-，衣索比亞人，全球第一位在
　　　奧運中奪得金牌的非洲黑人女子選手】
　　Olympic〔o'lɪmpɪk〕*adj.* 奧林匹克的
　　medal〔'mɛdḷ〕*n.* 獎牌　　*gold medal* 金牌
　　national〔'næʃənḷ〕*adj.* 全國的
　　reward〔rɪ'wɔrd〕*n.* 報酬；獎賞　　race〔res〕*n.* 賽跑；競賽

Motivated by such signs of success, thousands of kids from the villages surrounding Bekoji have moved into town. They crowd the classrooms at Bekoji Elementary School, where Eshetu works as a physical-education instructor. All these kids share the same dream: Some day they could become another Derartu Tulu.

這種成功的象徵，激勵貝克基周圍村落數以千計的小孩，紛紛搬進貝克基城內。孩子們擠滿貝克基國小的教室，厄什圖就是在這裡擔任體育老師。這些孩子都有個共同的夢想：將來有一天，他們會成爲下一個德拉圖·圖魯。

motivate (ˈmotəˌvet) *v.* 激勵
sign (saɪn) *n.* 象徵　　***thousands of*** 數以千計的
village (ˈvɪlɪdʒ) *n.* 村莊　　surround (səˈraʊnd) *v.* 環繞
crowd (kraʊd) *v.* 聚集在；使擠滿　　***elementary school*** 國小
physical-education　*adj.* 體育的 (= *PE*)
instructor (ɪnˈstrʌktɚ) *n.* 教師；指導者
some day　(將來) 有一天

53. (**A**) 下列何者不是本文所提到，衣索比亞長跑選手會如此優秀的原因？

　　(A) 著名的教練。　　　　　(B) 高原稀薄的空氣。
　　(C) 特別修長的腿。　　　　(D) 日常生活中的長跑。

factor (ˈfæktɚ) *n.* 因素
well-known (ˈwɛlˈnon) *adj.* 著名的
extraordinarily (ɪkˈstrɔrdn̩ˌɛrɪlɪ) *adv.* 異常地；非常地

54. (**C**) 關於貝克基，下列何者爲眞？

　　(A) 它是衣索比亞的首都。　(B) 它在近年來有很大的變化。
　　(C) 它位於火山附近。　　　(D) 它在處理車禍方面有困難。

capital (ˈkæpətḷ) *n.* 首都

55. (**B**) 貝克基學童的目標是什麼？

　　(A) 要擔任汽車旅館的經理。　(B) 要贏得國際比賽。
　　(C) 要成爲體育老師。　　　　(D) 要在學校的學業上表現良好。

competition (ˌkɑmpəˈtɪʃən) *n.* 比賽　　perform (pɚˈfɔrm) *v.* 表現
academically (ˌækəˈdɛmɪklɪ) *adv.* 在學術上

56. (**A**) 從本文可推論出什麼？

(A) 貝克基可能會出現更多的長跑選手。

(B) 耐吉會贊助貝克基的年輕長跑選手。

(C) 貝克基將主辦一場國際長跑比賽。

(D) 衣索比亞政府已經不遺餘力地推廣跑步。

emerge〔ɪˋmɝdʒ〕v. 出現　　sponsor〔ˋspɑnsɚ〕v. 贊助

host〔host〕v. 主辦　　spare〔spɛr〕v. 節省使用；吝惜

spare no efforts 不遺餘力

第貳部分：非選擇題

一、翻譯題

1. 在過去，腳踏車主要是作為一種交通工具。

In the past, bicycles mainly acted as a means of transportation.

2. 然而，騎腳踏車現在已經成為一種熱門的休閒活動。

However, { cycling / bicycle riding } has become a (kind of) popular leisure activity now.

二、英文作文：

It was a typical morning in Mrs. Chen's noodle shop. Mrs. Chen's son, Steven, sat at the counter doing his homework while a man ate noodles. The man's bag sat on the stool between them. When he finished his breakfast, the man paid and left the shop. However, he forgot his bag on the stool.

Mrs. Chen and Steven opened the bag to find some identification. To their surprise, the bag was filled with money. "Run along to school, Steven," Mrs. Chen said. "I'll take care of this." Meanwhile, the man got to train station before he realized the bag was missing. He quickly returned to the noodle shop where Mrs. Chen was holding the bag for him.

"I had a feeling you'd be back," Mrs. Chen scolded the man. "Thank you so much," the man replied. He reached into the bag and pulled out a stack of $1,000 NT notes. "Please," the man said, "take this as a reward for your honesty."

typical ('tɪpɪkl̩) adj. 典型的
noodle ('nudl̩) n. 麵　　counter ('kaʊntɚ) n. 櫃台
sit (sɪt) v. 被放在　　stool (stul) n. 凳子
identification (aɪˌdɛntəfə'keʃən) n. 證件
to one's surpise 令某人驚訝的是
run along 走開　　take care of 處理
meanwhile ('minˌhwaɪl) adv. 同時　　get to 到達
missing ('mɪsɪŋ) adj. 找不到的；遺失的
scold (skold) v. 責罵　　reach into 伸入
pull out 拿出　　stack (stæk) n. 一疊；一堆
note (not) n. 鈔票

99 年學測英文科試題勘誤表

題　號	題　　　目	修　正　意　見
第 4 題	..., *prices for* daily necessities.... → ..., ***the prices of*** daily necessities	「日用品的價格」該用所有格的形式。
第 10 題	... do *house* chores .... → ... do ***household*** chores	「家事」應該是 household chores 或 housework。
第 26－30 題 最後一行	According to one *research*, ... → According to one ***research study***, ... 或 According to one ***study***, ...	research 正常情況為不可數名詞，study 才是可數名詞，兩者都可作「研究」解。
第 31－40 題 倒數第 5 行	... must *behave himself* as such. → must ***behave*** as such.	出題原文是：conduct himself as such，改編錯誤，behave oneself 後面應接表稱讚的副詞。
第 41－44 題 最後一段 倒數第 3 行	*Since rats love to hunt and eat wetas, the rat population on the island has...native weta population.* → ***Since rats love to hunt and eat wetas, the rat population on the island poses a serious threat to the native weta population.*** 或→ ***The rat population on the island has grown into a real problem for many of the native species that are unaccustomed to its presence, and since rats love to hunt and eat wetas, they poses a serious threat to the native weta population.***	改編錯誤，不合邏輯，參照原文一看即知： The rat population on the island has burgeoned into a real problem for many of the native species who are unaccustomed to its presence, and has put a serious dent in the native weta population. Quite simply, rats love to hunt and eat wetas.
第 44 題 (A)	The *rat's.* → The ***rat population's.***	由前半句 Since rats love to hunt and eat wetas, the rat population on the island.... 可知，its 應是指 the rat population's。

第 45－48 題 第三段第 5 行	*After* the 1960s, and especially since the 1980s, the high school prom in many areas has become …. → ***Since*** the 1960s, and especially since the 1980s, the high school prom in many areas has become ….	由 and especially since the 1980s 及完成式動詞 has become 可知，*After* 應改成 ***Since***。參照「出題來源」，就可知改編錯誤。
第三段 倒數第 2 行	… Stretch limousines *were* hired …. → Stretch limousines *are* hired ….	由倒數第 3 行的 has become 可知，應將過去式 *were* 改成現在式 *are*。
最後一段 倒數第 2 行	… for homeless youth *were* reported. → … for homeless youth *are* reported.	
最後一段 倒數第 2 行	There *were* also "couple-free" proms *to* which all students are welcome. → There *are* also "couple-free" proms *at* which all students are welcome.	由句尾的 are welcome 可知，應將過去式 were 現在式 *are*，參照「出題來源」，即知改編錯誤。 須將介系詞 *to* 改成 *at*，因為：You are invited *to* a place. 或 You are welcome *at* a place.
第 49－52 題 第二段 第 1, 2 行	… such *an arrangement* …. → … such ***arrangements*** ….	配合前一句的複數名詞 Home exchanges，「出題來源」本來就是複數 arrangements。
第五段 倒數第 2 行	*It does not matter if the agreement would hold up in court*, but …. → ***The agreement may not hold up in court***, but ….	為了配合後面的連接詞 but，須改寫，句意才清楚。
最後一段 第 2 行	… make sure their *home*…. → … make sure their ***borrowed home***….	依句意，不是他們自己的房子，是「借來的」房子才對。
第 49 題 (B)	*How home exchange is becoming popular.* → ***How popular home exchange is becoming***.	整句的回答，應該是名詞子句的形式，做 about 的受詞，How 引導名詞子句，應加上所修飾的字才對。
第 53－56 題 第三段第 2 行	He saw *a hope* …. → He saw *hope* ….	hope 正常情況為不可數名詞。

99 年學測英文科考題出題來源

題　　號	出　　　　　　　　　　　　處
一、詞彙 第 1～15 題	所有各題對錯答案的選項，均出自「高中常用 7000 字」。
二、綜合測驗 第 16～20 題	改編自時代雜誌 2008 年 2 月 21 日的 Who's Holding the Handbag 一文，關於購物的文章。
第 21～25 題	出自 Onions for All Seasons and All Tastes 一文，關於洋蔥的文章。
第 26～30 題	改寫自 Should Bottled Water Be Included In A Healthy Diet? 一文，有關瓶裝水的文章。
三、文意選填 第 31～40 題	出自 Raise Your GPA 1 Full Grade 一書，其中一篇範例（More Than a Sport），關於足球對於運動員及社會影響的內容。
四、閱讀測驗 第 41～44 題	出自 Earth Invaded by Giant Insects 一文，關於紐西蘭特有昆蟲 weta 的文章。
第 45～48 題	出自 How did the tradition of high school proms start? 一文，關於美國高中舞會如何成為傳統的文章。
第 49～52 題	改編自時代雜誌 2009 年 8 月 3 日的 Home Exchange: Trading (Vacation) Places 一文，用和陌生人交換住所的方式來度假的報導。
第 53～56 題	改編自 Fast living in the Ethiopian highland town of Bekoji 一文，有關衣索比亞的 Bekoji 城市，由於地型因素造就了許多優秀的長跑者的文章。

【99 年學測】綜合測驗：16-20 出題來源——時代雜誌 2008 年 2 月 21 日

Who's Holding the Handbag?

On a recent Saturday afternoon in Manhattan, Anika, 26, an investment banker, was doing what many women of her generation do on weekends: she was shopping with her mother. And enjoying it. No surprise, either, that both mother and daughter ended up considering the same pair of J Brand jeans. Initially meant for Anika, the jeans caught her mother's eye too. "I'd wear those to your father's club with a blazer and heels," she said.

Retailers of the world, take note: If you want to get into a boomer's pocketbook, you've got to win her daughter over first. According to Resource Interactive, an Ohio-based marketing company, young adults influence 88% of household apparel purchases. It makes sense since members of the millennial generation—those born between 1980 and 2000—are closer to their parents than are members of any previous generation. Millennials and their parents not only take vacations together and text each other several times a day but also consult each other on what to buy. And more often than not, the millennials are the more informed consumers.

"They've never known life without a computer—they can take in 20 hours' worth of information in seven hours," says Nancy Kramer, CEO of Resource Interactive. "There isn't a brand or a trend these kids aren't aware of. "Which is why boomer mothers who want to keep abreast of the trends turn to the experts in discriminating shopping—their daughters. NPD Group's chief retail analyst, Marshal Cohen, estimates that the number of 18-to-24-year-olds shopping with Mom has grown 8% over the past three years. And what goes on in the dressing room is markedly different than in past generations. Unlike their mothers, boomer women don't want to adopt the ladies-who-lunch look, but at the same time they want to avoid that mutton-dressed-as-lamb look.

：

【99 年學測】綜合測驗：21-25 出題來源──National Onion Association

About Onions: Seasonality

Onions for All Seasons and All Tastes

Onions can be divided into two categories: spring/summer fresh onions and fall/winter storage onions.

Spring/summer Fresh Onions

Spring/summer fresh onions are available in yellow, red and white throughout their season, March through August. Fresh onions can be identified by their thin, light-colored skin. Because they have a higher water content, they are typically sweeter and milder than storage onions. This higher water content also makes them more susceptible to bruising.

With its delicate taste, the spring/summer onion is an ideal choice for salads and other fresh and lightly-cooked dishes.

Fall/winter Storage Onions

Fall/winter storage onions are available August through April. Also available in yellow, red and white, storage onions have multiple layers of thick, dark, papery skin. Storage onions have an intense flavor and a higher percentage of solids.

Storage onions are the best choice for savory dishes that require longer cooking times or more flavor.

The Color of Onions

Onions come in three colors–yellow, red, and white. Approximately 87 percent of the crop is devoted to yellow onion production, with about 8 percent red onions and 5 percent white onions.

Onion Sizes

Onions range in size from less than 1 inch in diameter (creamers/ boilers) to more than 4.5 inches in diameter (super colossal). The most common sizes of onions sold in the United States are the medium (2 to 3 ¼ inches in diameter) and the jumbo (3 to 3 ¾ inches in diameter).

【99 年學測】綜合測驗：26-30 出題來源──BRIGHT HUB

Should Bottled Water Be Included In A Healthy Diet?

The production process of plastic can lead to the release of chemical substances into the water contained in the bottles. From there, the chemicals are absorbed into the body, where they can cause harm. The dangers of bottled water can be classified into chemical, microbial and physical. Chemical refers to the release of such poisonous substances as arsenic, lead or benzene. Microbial hazards are viruses, bacteria or parasites and physical can be tiny fragments of glass, metal or plastic which can find their way into the bottled water.

The chemical and microbial dangers can cause campylobacter infection which is the most widespread cause of bacterial gastroenteritis. Although it's highly unlikely that any of the above may lead to fatal illness, it can cause discomfort, cramps, diarrhea and sickness.

Health risks can also result from inappropriate storage. Bacteria can multiply if the water is kept on the shelves for too long or if it is exposed to heat or direct sunlight. It's very difficult to determine when a bottle you buy in the supermarket has been filled. Even if contamination has occurred, the effects depend on the quantity of water consumed.

The U.S. have a high standard of control and regulation laws as far as the production and supervision of bottled water is concerned, but the safety regulations for drinking water are even more strident. The same standards apply to the European Union, but many other countries are less strict. Information on the safety of drinking water is readily available locally, so there is no reason to prefer bottled water over tap water, However if you happen to live in or visit a country where tap water is unsafe, bottled water is the only sensible alternative.

【99 年學測】文意選填：31-40 出題來源

BOOK：Raise Your GPA 1 Full Grade

Football is more than a sport. It is an invaluable teacher. In teaching a young man to cooperate with his fellows on the practice field and in schedules games, it also shows him the necessity of team-work in society. It prepares him to be a better citizen and person.

The novice player first learns that football is not a one-man game, that he is but one member of an eleven-man team, and that in every play, either defensive or offensive, he has a particular job to do. If he fails to do it, the team suffers. If his task is to block the opposing right end, that job must be done. And he must do it alone, for every other man on the team has his own assignment in the play. The ends, tackles, guards, backfield men, and center must do their individual tasks if the play is to succeed.

⋮

Wherever football is played in the United States, on sandlot, high school field, college gridiron or in professional stadium, the players learn the invaluable rough-and-tumble lesson that only by the cooperation of each man can the team win. It is a lesson they do not forget on the field. Off the field, they duly remember it. In society, the former player does not look upon himself as a lone wolf who has the right to create his individual moral code and observe his individual social laws. He understands his place in the scheme of things; he knows he is a member of society and must conduct himself as such. He realizes that only be cooperating, not shying off as a lone wolf, can he do his share in making society what it should be the protector and benefactor of all. The man who has played football knows that team-work is essential in modern living and that every citizen must do his part if the nation is to prosper. So he has little difficulty in adjusting himself to his role in family life and in the business world, and to his duties as a citizen in city, state and nation. In short, his football training helps make him a better citizen and person."

【99 年學測】閱讀測驗：41-44 出題來源──Extreame Science

Earth Invaded by Giant Insects!

⋮

The Dinosaur Insect

On the island of New Zealand, there is a grasshopper-like species of insect that is found nowhere else on earth. New Zealanders have dubbed it the weta, which is a native Maori "god of bad looks". It's easy to see why anyone would call this insect a bad-looking bug. Most People are repulsed at the sight of these bulky, slow-moving creatures. Most people don't feel sympathy for these endangered creatures, but they do need protecting. Europeans who came to Australia and New Zealand brought rats and cats with them. The slow and ungainly wetas have been around on the island since the dinosaurs roamed and have evolved and survived in an ecosystem that had no predators for the weta. Until the rats came to the island. The rat population on the island has burgeoned into a real problem for many of the native species who are unaccustomed to its presence, and has put a serious dent in the native weta population. Quite simply, rats love to hunt and eat wetas.

The photo below is of a rare tusked weta, that grows up to two inches (5cm) long. The Giant Weta can grow to over three inches (8 cm) long and weigh as much as 1.5 ounces (40 grams). Giant wetas can hop up to 2 feet (60cm) at a time. They are nocturnal creatures, venturing out of the safety of their holes and caves only after dark. Some Giant wetas live in trees, and others live in caves. Giant wetas are very long-lived for insects, the adults can live for over a year. Just like their cousins, grasshoppers and crickets, weta are able to "sing" (formally called stridulation) by rubbing their leg parts together, or against their abdomens.

【99 年學測】閱讀測驗：45-48 出題來源──BRIGHT HUB

How did the tradition of high school proms start?

⋮

The word "prom" was first used in the 1890s as a shortened form of "promenade," a reference to formal dances in which the guests would display their fashions and dancing (see entry under 1900sThe Way We Lived in volume 1) skills during the evening's grand march. In the United States, it came to be believed by parents and educators that a prom, or formal dinner-dance, would be an important lesson in social skills, especially in a theoretically classless society that valued behavior over breeding. The prom was seen as a way to instill manners into children, all under the watchful eye of chaperons.

The first proms were held in the 1920s. By the 1930s, proms were common across the country. For many older Americans, the prom was a modest, home-grown affair in the school gymnasium, often decorated with crepe-paper streamers. Promgoers were well dressed but not lavishly decked out: boys wore jacket and tie and girls their Sunday dress. Couples danced to music provided by a local amateur band or a record player. After the 1960s, and especially after the 1980s, the high-school prom in many areas became a serious exercise in conspicuous consumption, with boys renting expensive tuxedos and girls attired in designer gowns. Stretch limousines were hired to drive the prom-goers to expensive restaurants or discos for an all-night extravaganza, with alcohol, drugs, and sex as added ingredients, at least more openly than before.

Whether simple or lavish, proms have always been more or less traumatic events for adolescents who worry about self-image and fitting in with their peers. Prom night can be a devastating experience for socially awkward teens, for those who do not secure dates, or for gay or lesbian teens who cannot relate to the heterosexual bonding of prom night. In 1980, Aaron Fricke (1962) sued his school's principal in Cumberland, Rhode Island, for the right to bring Paul Guilbert as his prom date, and won. Since the 1990s, alternative proms have been organized in some areas for same-sex couples, as well as "couple-free" proms to which all students are welcome. Susan Shadburne's 1998 video, Street Talk and Tuxes, documents a prom organized by and for homeless youth.

【99 年學測】閱讀測驗：49-52 出題來源——時代雜誌 2009 年 8 月 3 日

Home Exchange：Trading (Vacation) Places

As the economy continues to flounder, many families are forgoing summer vacations in favor of staying at home. But there's a more interesting option that is just as cheap: vacationing in someone else's home. Growing numbers of people here and abroad are seeking a thrifty change of scenery by skipping all the hotels and looking instead to swap houses with strangers. Agree to use each other's cars, and you can save big bucks on rentals too.

Home exchanges are not new. At least one group, Intervac, has been facilitating such arrangements since 1953. But traffic online is particularly brisk these days, with several sites, including HomeExchange.com—which was founded in 1992 and, with some 28,000 listings, bills itself as the world's largest home-exchange club—reporting that membership has increased 30% or more this year. (See pictures of high-end homes that won't sell.)

For an annual fee that is usually less than $100, members can access thousands of listings for apartments, condos, villas, suburban homes and farms around the world. Initial contact is made through the sites via e-mail, with subsequent communication usually by phone. Before a match is made, potential swappers tend to talk a lot as part of a scoping-out phase that one exchange site likens to online dating.

⋮

Although home swappers often become such fans of the practice that they have a hard time paying for a hotel, the concept may sound dicey to the uninitiated. What about theft? Damage? Reasonable causes for concern, but equally unlikely. "Nobody is going to fly across the ocean or drive 600 miles to come steal your flat-screen TV," says Tony DiCaprio, president of 1stHomeExchange.com a four-year-old site that has seen membership increase 30% this year. Remember, he notes," at the same time they're staying in your home, you are staying in their home."

⋮

【99 年學測】閱讀測驗：53-56 出題來源——Ethiopian Review

Fast living in the Ethiopian highland town of Bekoji

⋮

It"s tempting, when breathing the thin air of Bekoji, to focus only on the confluence of geography and genetics. The town sits on the flank of a volcano nearly 10,000 ft. (3,000 m) above sea level, making daily life itself a kind of high-altitude training. Children in this region often start running at an early age, covering great distances to fetch water and firewood or to reach the nearest school. "Our natural talent begins at the age of 2," says two-time Olympic gold medalist Haile Gebrselassie, 35, who grew up in a village about 30 miles (50 km) north of Bekoji. Gebrselassie, who set a new marathon world record last year, remembers running over six miles (10 km) to and from school every day carrying his books, leaving him with extraordinary stamina—and a distinctive crook in his left arm. Add to this early training the physique shared by many members of the Oromo ethnic group that predominates in the region—a short torso on disproportionately long legs—and you have the perfectly engineered distance runner.

No formula, however, can conjure up the desire that burns inside Bekoji's young runners. Take the case of Million Abate, an 18-year-old who caught Eshetu's attention last year when he sprinted to the finish of a 12-mile (19 km) training run with his bare feet bleeding profusely. The coach took off his own Nikes and handed them to the young runner. Today, as he serves customers injera, the spongy Ethiopian flat bread, at a local truckers' motel, Abate is still wearing the coach's shoes. They are his only pair, though he confesses a preference for running in bare feet. "Shoes affect my speed," he says. And speed may be his only salvation. Forced to quit school in fifth grade after his father died, Abate worked as a shoe-shine boy before getting the motel job, which pays $9 a month. All along, he has never stopped running, chasing the dream of prosperity his mother imprinted on him shortly after his father's death, when she changed his name from Damelach to Million.

⋮

99 年學測英文科非選擇題評分標準說明

閱卷召集人：謝國平（靜宜大學英文系）

　　99 學年度學科能力測驗英文考科的非選擇題題型共有兩大題：第一大題是翻譯題，考生需將兩個中文句子譯成正確而通順達意的英文，這個題型與過去幾年相同，兩題合計八分。第二大題為英文作文，但與往年的看圖作文不太一樣，內容是顧客在麵店遺失金錢，但四格圖片中只畫了三格，並沒有提供結局，希望給考生更多的寫作發揮空間。今年考生需依提供的連環圖片，寫一篇至少120個單詞（words）左右的作文。作文滿分為二十分。

　　至於閱卷籌備工作，在正式閱卷前，於 1 月 31 日先召開評分標準訂定會議，由正副召集人及協同主持人共十四人，參閱了100 本約4000 多份的試卷，經過一天的討論，訂定評分標準，選出合適的樣本，編製了閱卷參考手冊，供閱卷委員共同參考，以確保閱卷之公平性。

　　2 月 1 日上午 9:00 到 11:00 間，140 多位大學教授，分為12 組進行試閱會議，討論評分時應注意的事項及評分標準，再根據閱卷參考手冊的樣卷，分別評分。在試閱會議之後（11:00），正副召集人及協同主持人進行第一次評分標準再確定會議確認評分原則後，才開始正式閱卷。求慎重起見，特別於下午六點加開第二次評分標準再確定會議，以求整體評分標準更為一致。

　　關於評分標準，在翻譯題部分，每題總分 4 分，依文意及文法結構分成幾部分，每部分 0.5 分至 1 分。英文作文的評分標準是依據內容（5 分）、組織（5 分）、文法句構（4 分）、字彙拼字（4 分）、體例（2 分）五個項目給分。若字數不足，則總分扣 1 分。

　　依慣例，每份試卷皆經過兩位委員分別評分，最後以二人之平均分數計算。如果第一閱與第二閱委員的分數在翻譯題部分的差距大於 2 分，或在作文題部分差距大於 5 分，則由第三位主閱（正副召集人或協同主持人）評分。

　　今年的翻譯題的句型與詞彙，皆為高中生應該熟習的，評量的重點在於考生是否能運用熟悉的字詞（比如：腳踏車 bicycle/bike、交通工具 a means of transportation、然而 however、休閒 leisure/recreational、活動 activity、主要 mainly 等）與基本句型翻譯成正確且達意的英文句子（如：served as/be used as、in the past、riding bicycles/bicycle-riding/cycling、has become 等的用法）。所測驗之詞彙都屬於大考中心詞彙表四級內之詞彙，中等程度以上的考生如果能使用正確句型並注意拼字，應能得到理想的分數。但在選取樣卷時發現，很多考生對於像動詞現在完成式、名詞單複數的用法的掌握仍有待加強。

　　英文作文部分，今年回復到多圖的看圖寫作題型，與去年學測的單圖看圖寫作略有不同，圖片內容主要為顧客在麵店遺失金錢。考生針對所提供之圖片，寫出一篇涵蓋連環圖片內容並有完整結局的故事，除了評量考生語法能力與敘述故事的能力（包括情節的安排及合理性）以外，更因為結局留白，提供學生相當大的發揮創意空間。

99 年學測英文科試題或答案大考中心意見回覆

※ 題號：7

【題目】

7. Steve has several meetings to attend every day; therefore, he has to work on a very _____ schedule.

   (A) dense   (B) various   (C) tight   (D) current

【意見內容】

選項 (A) 應為合理答案。

【大考中心意見回覆】

本題所要評量考生掌握形容詞 tight 與名詞 schedule 之間的搭配（collocation）用法。作答線索為上一個子句 Steve has several meetings to attend every day。

※ 題號：17 及 19

【題目】

Anita was shopping with her mother and enjoying it. Interestingly, both of them ___16___ buying the same pair of jeans.

According to a recent marketing study, young adults influence 88% of household clothing purchases. More often than not, those in their early twenties are the more ___17___ consumers. There isn't a brand or a trend that these young people are not aware of. That is why mothers who want to keep abreast of trends usually ___18___ the experts — their daughters. This tells the retailers of the world that if you want to get into a mother's ___19___, you've got to win her daughter over first.

With a DJ playing various kinds of music rather than just rap, and a mix of clothing labels designed more for taste and fashion than for a precise age, department stores have managed to appeal to successful middle-aged women ___20___ losing their younger customers. They have created a shopping environment where the needs of both mother and daughter are satisfied.

17. (A) informed   (B) informative
    (C) informal   (D) informational

19. (A) textbook   (B) notebook
    (C) workbook   (D) pocketbook

【17 題意見內容】

選項 (B) 應為合理答案。

【17 題大考中心意見回覆】

Informed consumer 意指對於「消費資訊都能充分掌握的人士」，在語用及字詞搭配上只有 informed 是最適合的，故選項 (A) 為正答並無異議。

【19 題意見內容】

選項 (B) 應為合理答案。

【19 題大考中心意見回覆】

本題所要評量的是根據上下文意之發展，選出一個最適當的詞彙。四個選項中只有 pocketbook 與金錢或消費的概念相關，其餘三個選項皆與本段文意不符。

※ 題號：**48**

【題目】

45-48 <u>爲題組</u>

The high school prom is the first formal social event for most American teenagers. It has also been a rite of passage for young Americans for nearly a century.

The word "prom" was first used in the 1890s, referring to formal dances in which the guests of a party would display their fashions and dancing skills during the evening's grand march. In the United States, parents and educators have come to regard the prom as an important lesson in social skills. Therefore, proms have been held every year in high schools for students to learn proper social behavior.

The first high school proms were held in the 1920s in America. By the 1930s, proms were common across the country. For many older Americans, the prom was a modest, home-grown affair in the school gymnasium. Prom-goers were well dressed but not fancily dressed up for the occasion: boys wore jackets and ties and girls their Sunday dresses. Couples danced to music provided by a local amateur band or a record player. After the 1960s, and especially since the 1980s, the high school prom in many areas has become a serious exercise in excessive consumption, with boys renting expensive tuxedos and girls wearing designer gowns. Stretch limousines were hired to drive the prom-goers to expensive restaurants or discos for an all-night extravaganza.

Whether simple or lavish, proms have always been more or less traumatic events for adolescents who worry about self-image and fitting in with their peers. Prom night can be a dreadful experience for socially awkward teens or for those who do not secure dates. Since the 1990s, alternative proms have been organized in some areas to meet the needs of particular students. For example, proms organized by and for homeless youth were reported. There were also "couple-free" proms to which all students are welcome.

48. Which of the following statements is true?
   (A) Unconventional proms have been organized since the 1960s.
   (B) In the 1980s, proms were held in local churches for teenagers to attend.
   (C) Proms have become a significant event in American high schools since the 1930s.
   (D) In the 1890s, high school proms were all-night social events for some American families.

【意見內容】

1. 選項 (C) 之文字有瑕疵。

2. 答案 (C) Proms have become a significant event in American high schools since the 1930s. 似乎與文義有出入。因為文章中的句子——The first high school proms were held in the 1920s in America. By the 1930s, proms were common across the country. 寫道的意思應為至 1930 年，高中舞會已很盛行，但答案 (C) 之意思為從 1930 年起，高中舞會已成為很重要的活動。兩者似乎有出入，即便答案無法更動，也希望得到相關答覆。

【大考中心意見回覆】

　　本題主要在於評量考生對於文章細節的理解，作答線索主要在第三段，尤其是在第二句 By the 1930s, proms were common across the country。本段的大意在於說明 prom 的發展，自 1930 年代就開始普及，第四句 Prom-goers were well dressed but not fancily dressed up for the occasion: boys wore jackets and ties and girls their Sunday dresses 皆顯示「與會者穿著正式」，因此可以判定 prom 為一項「盛會」(significant event)，因此選項 (C) 為正答並無異議。

※ 題號：**49 及 51**

【題目】

49-52 為題組

　　No budget for your vacation? Try home exchanges — swapping houses with strangers. Agree to use each other's cars, and you can save bucks on car rentals, too.

　　Home exchanges are not new. At least one group, Intervac, has been facilitating such an arrangement since 1953. But trading online is gaining popularity these days, with several sites in operation, including HomeExchanges. Founded in 1992, with some 28,000 listings, this company **bills** itself as the world's largest home exchange club, reporting that membership has increased 30% this year.

　　The annual fee is usually less than US$100. Members can access thousands of listings for apartments, villas, suburban homes and farms around the world. Initial contact is made via e-mail, with subsequent communication usually by phone. Before a match is made, potential swappers tend to discuss a lot.

However, the concept may sound risky to some people. What about theft? Damage? These are reasonable causes for concern, but equally unlikely. As one swapper puts it, "Nobody is going to fly across the ocean or drive 600 miles to come steal your TV. Besides, at the same time they're staying in your home, you are staying in their home."

Exchange sites recommend that swappers discuss such matters ahead of time. They may fill out an agreement spelling out who shoulders which responsibilities if a problem arises. It does not matter if the agreement would hold up in court, but it does give the exchangers a little satisfaction.

Generally, the biggest complaint among home exchangers has to do with different standards of cleanliness. Swappers are supposed to make sure their home is in order before they depart, but one person's idea of "clean" may be more forgiving than another's. Some owners say if they come back to a less-than-sparkling kitchen, it may be inconvenient but would not sour them on future exchanges.

49. What is the second paragraph mainly about?
    (A) How to exchange homes.
    (B) How home exchange is becoming popular.
    (C) The biggest home exchange agency.
    (D) A contrast between Intervac and HomeExchange.

51. How do home exchangers normally begin their communication?
    (A) By phone.　　　　　　(B) By e-mail.
    (C) Via a matchmaker.　　(D) Via a face-to-face meeting.

【49 題意見內容】

1. 選項 (B) 與文章所述不完全吻合。
2. 選項 (C) 應為合理答案。
3. 選項 (D) 應為合理答案。

【49 題大考中心意見回覆】

1. 由本段的主題句 Home exchanges are not new 可知本段主題為 home exchange 的發展，因此選項 (B) 的文字並未有與文章所述不吻合之處。

2. 由本段的主題句 Home exchanges are not new 可知本段主題為 home exchange 的發展，後續的句子都是在列舉其日漸普及的例證，故選項 (B) 為正答並無異議。本段中 HomeExchange 公司只是其中一個例證，選 (C) 可能僅是「見樹不見林」的觀察。

3. 本段內容並沒有刻意比較 Intervac 與 HomeExchange 兩家公司之間的差異，故選項 (D) 的對比並不存在。兩家公司只是在說明 home exchange 日漸受歡迎的例證。

【51 題意見內容】

選項 (A) 應為合理答案。

【51 題大考中心意見回覆】

本題在評量考生對於局部文意的理解。作答線索在第三段內容中 Initial contact is made via e-mail, with subsequent communication usually by phone。Contact 一詞本身包含各種溝通方式，因此，選項 (B) By e-mail 為正確答案。

※ 題號：54

【題目】

<u>53-56 為題組</u>

Bekoji is a small town of farmers and herders in the Ethiopian highlands. There, time almost stands still, and horse-drawn carts outnumber motor vehicles. Yet, it has consistently yielded many of the world's best distance runners.

It's tempting, when breathing the thin air of Bekoji, to focus on the special conditions of the place. The town sits on the side of a volcano nearly 10,000 feet above sea level, making daily life a kind of high-altitude training. Children in this region often start running at an early age, covering great distances to fetch water and firewood or to reach the nearest school. Added to this early training is a physical trait shared by people there— disproportionately long legs, which is advantageous for distance runners.

A strong desire burns inside Bekoji's young runners. Take the case of Million Abate. Forced to quit school in fifth grade after his father died, Abate worked as a shoe-shine boy for years. He saw a hope in running and joined Santayehu Eshetu's training program. This 18-year-old sprinted to the finish of a 12-mile run with his bare feet bleeding. The coach took off his own Nikes and handed them to him. To help Abate continue running, the coach arranged a motel job for him, which pays $9 a month.

Most families in Bekoji live from hand to mouth, and distance running offers the younger generation a way out. Bekoji's legend Derartu Tulu, who won the 10,000-meter Olympic gold medals in 1992 and 2000, is a national hero. As a reward, the government gave her a house. She also won millions of dollars in the races.

Motivated by such signs of success, thousands of kids from the villages surrounding Bekoji have moved into town. They crowd the classrooms at Bekoji Elementary School, where Eshetu works as a physical-education instructor. All these kids share the same dream: Some day they could become another Derartu Tulu.

54. Which of the following is true about Bekoji?
    (A) It's the capital of Ethiopia.
    (B) It has changed a lot over the years.
    (C) It's located near a volcano.
    (D) It has trouble handling car accidents.

【意見內容】

選項(B)應爲合理答案。

【大考中心意見回覆】

第二段 The town sits on the side of a volcano 意思即代表 Bekoji 靠近火山，因此選項(C)爲正答並無異議。第一段第二句 There, time almost stands still, and horse-drawn carts outnumber motor vehicles 已經說明 Bekoji 仍是變化不大的鄉村；因此，選項(B)並非正確選項。

九十九年大學入學學科能力測驗試題
數學考科

第壹部分：選擇題（佔60分）

一、單選題（佔35分）

說明：第1至7題，每題選出最適當的一個選項，劃記在答案卡之
　　　「解答欄」，每題答對得5分，答錯不倒扣。

1. 若數列 $a_1, a_2, \ldots, a_k, \ldots, a_{10}$ 中每一項皆為1或 -1，則 $a_1 + a_2 + \cdots + a_k + \cdots + a_{10}$ 之值有多少種可能？

　(1) 10　　　　(2) 11　　　　(3) P_2^{10}　　　　(4) C_2^{10}　　　　(5) 2^{10}

2. 已知 a, b 為整數且行列式 $\begin{vmatrix} 5 & a \\ b & 7 \end{vmatrix} = 4$，則絕對值 $|a+b|$ 為何？

　(1) 16　　　　　　　　　(2) 31

　(3) 32　　　　　　　　　(4) 39

　(5) 條件不足，無法確定

3. 箱中有三顆紅球與三顆白球。一摸彩遊戲是從箱中隨機同時抽出兩顆球。如果抽出的兩球顏色不同，則得獎金100元；如果兩球顏色相同，則無獎金。請問此遊戲獎金的期望值為何？

　(1) 20元　　　　　　　　(2) 30元

　(3) 40元　　　　　　　　(4) 50元

　(5) 60元

4. 坐標平面上給定兩點 $A(1,0)$ 與 $B(0,1)$，又考慮另外三點 $P(\pi,1)$、$Q(-\sqrt{3},6)$ 與 $R(2,\log_4 32)$。令ΔPAB的面積為 p、ΔQAB的面積為 q、ΔRAB的面積為 r。請問下列哪一個選項是正確的？

(1) $p < q < r$ (2) $p < r < q$ (3) $q < p < r$

(4) $q < r < p$ (5) $r < q < p$

5. 在密閉的實驗室中，開始時有某種細菌 1 千隻，並且以每小時增加 8% 的速率繁殖。如果依此速率持續繁殖，則 100 小時後細菌的數量最接近下列哪一個選項？

(1) 9 千隻 (2) 108 千隻 (3) 2200 千隻

(4) 3200 千隻 (5) 32000 千隻

6. 坐標空間中 O 為原點，點 A 的坐標為$(1,2,1)$。設 S 是以 O 為球心、4 為半徑的球面。請問在 S 上滿足內積$\overrightarrow{OA} \cdot \overrightarrow{OP} = 6$的所有點 P 所成的圖形為何？

(1) 空集合 (2) 一個點 (3) 兩個點

(4) 一個圓 (5) 兩個圓

7. 令橢圓 $\Gamma_1 : \dfrac{x^2}{5^2} + \dfrac{y^2}{3^2} = 1$、$\Gamma_2 : \dfrac{x^2}{5^2} + \dfrac{y^2}{3^2} = 2$、$\Gamma_3 : \dfrac{x^2}{5^2} + \dfrac{y^2}{3^2} = \dfrac{2x}{5}$ 的長軸長分別為 l_1、l_2、l_3。請問下列哪一個選項是正確的？

(1) $l_1 = l_2 = l_3$ (2) $l_1 = l_2 < l_3$

(3) $l_1 < l_2 < l_3$ (4) $l_1 = l_3 < l_2$

(5) $l_1 < l_3 < l_2$

二、多選題（佔 25 分）

說明：第 8 至 12 題，每題的五個選項各自獨立，其中至少有一個選項是正確的，選出正確選項劃記在答案卡之「解答欄」。每題皆不倒扣，五個選項全部答對者得 5 分，只錯一個選項者可得 2.5 分，錯兩個或兩個以上選項者不給分。

8. 設 θ_1、θ_2、θ_3、θ_4 分別為第一、第二、第三、第四象限角，且都介於 0 與 2π 之間。已知 $|\cos\theta_1| = |\cos\theta_2| = |\cos\theta_3| = |\cos\theta_4| = \dfrac{1}{3}$，請問下列哪些選項是正確的？

(1) $\theta_1 < \dfrac{\pi}{4}$

(2) $\theta_1 + \theta_2 = \pi$

(3) $\cos\theta_3 = -\dfrac{1}{3}$

(4) $\sin\theta_4 = \dfrac{2\sqrt{2}}{3}$

(5) $\theta_4 = \theta_3 + \dfrac{\pi}{2}$

9. 下列哪些方程式有實數解？

(1) $x_3 + \mathrm{x} - 1 = 0$

(2) $2^x + 2^{-x} = 0$

(3) $\log_2 x + \log_x 2 = 1$

(4) $\sin x + \cos 2\, x = 3$

(5) $4\sin x + 3\cos x = \dfrac{9}{2}$

10. 設 $a_1, a_2, \ldots, a_n, \ldots$ 為一實數數列，且對所有的正整數 n 滿足 $a_{n+1} = \dfrac{n(n+1)}{2} - a_n$。請問下列哪些選項是正確的？

(1) 如果 $a_1 = 1$，則 $a_2 = 1$

(2) 如果 a_1 是整數，則此數列的每一項都是整數

(3) 如果 a_1 是無理數，則此數列的每一項都是無理數

(4) $a2 \leq a4 \leq \ldots \leq a_{2n} \leq \ldots$ （ n 為正整數）

(5) 如果 a_k 是奇數，則 a_{k+2}，a_{k+4}，$\ldots$，a_{k+2n}，$\ldots$ 都是奇數
    （ n 為正整數）

11. 坐標空間中，直線 L 上距離點 Q 最近的點稱為 Q 在 L 上的投影點。已知 L 為平面 $2x - y = 2$ 上通過點 $(2,2,2)$ 的一直線。請問下列哪些選項中的點可能是原點 O 在 L 上的投影點？

(1) $(2,2,2)$

(2) $(2,0,2)$

(3) $\left(\dfrac{4}{5}, -\dfrac{2}{5}, 0 \right)$

(4) $\left(\dfrac{4}{5}, -\dfrac{2}{5}, -2 \right)$

(5) $\left(\dfrac{8}{9}, -\dfrac{2}{9}, -\dfrac{2}{9} \right)$

12. 想要了解台灣的公民對某議題支持的程度所作的抽樣調查，依性別區分，所得結果如下表：

	女性公民	男性公民
贊成此議題的比例 $\hat{p}$	0.52	0.59
$\hat{p}$ 的標準差 $\sqrt{\dfrac{\hat{p}(1-\hat{p})}{n}}$	0.02	0.04

請問從此次抽樣結果可以得到下列哪些推論？

⑴ 全台灣男性公民贊成此議題的比例大於女性公民贊成此議題的比例

⑵ 在 95% 的信心水準之下，全台灣女性公民贊成此議題之比例的信賴區間爲 [0.48,0.56]（計算到小數點後第二位，以下四捨五入）

⑶ 此次抽樣的女性公民數少於男性公民數

⑷ 如果不區分性別，此次抽樣贊成此議題的比例 $\hat{p}$ 介於 0.52 與 0.59 之間

⑸ 如果不區分性別，此次抽樣 $\hat{p}$ 的標準差 $\sqrt{\dfrac{\hat{p}(1-\hat{p})}{n}}$ 介於 0.02 與 0.04 之間

第貳部分：選填題（佔 40 分）

說明： 1. 第 A 至 H 題，將答案劃記在答案卡之「解答欄」所標示的列號（13–32）。

2. 每題完全答對得 5 分，答錯不倒扣，未完全答對不給分。

A. 坐標平面上有一個平行四邊形 *ABCD*，其中點 *A* 的坐標爲 (2,1)，點 *B* 的坐標爲 (8,2)，點 *C* 在第一象限且知其 *x* 坐標爲 12。若平行四邊形 *ABCD* 的面積等於 38 平方單位，則點 *D* 的坐標爲（ ⑬ , ⑭ ）。

B. 設 $f(x)$ 爲滿足下列條件的最低次實係數多項式：$f(x)$ 最高次項的係數爲 1，且 $3-2i$、i、5 皆爲方程式 $f(x)=0$ 的解（其中 $i^2=-1$）。則 $f(x)$ 之常數項爲 ⑮⑯⑰ 。

C. 有一個兩列三行的表格如右下圖。在六個空格中分別填入數字 1、2、3、4、5、6（不得重複），則 1、2 這兩個數字在同一行或同一列的方法有 ⑱⑲⑳ 種。

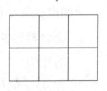

D. 設實數 $a > 0$。若 x、y 的方程組 $\begin{cases} 2x - y = 1 \\ x - 2y = a \\ x - ay = 122 \end{cases}$ 有解，則 $a = $ ㉑㉒ 。

E. 如右圖，直角三角形 ABD 中，$\angle A$ 為直角，C 為 $\overline{AD}$ 邊上的點。已知 $\overline{BC} = 6$，$\overline{AB} = 5$，$\angle ABD = 2\angle ABC$，則 $\overline{BD} = \dfrac{㉓㉔}{㉕}$ 。（化成最簡分數）

F. 設 a、b 為實數。已知坐標平面上拋物線 $y = x^2 + ax + b$ 與 x 軸交於 P、Q 兩點，且 $\overline{PQ} = 7$。若拋物線 $y = x^2 + ax + (b + 2)$ 與 x 軸的兩交點為 R、S，則 $\overline{RS} = \sqrt{㉖㉗}$。（化成最簡分數）

G. 已知 $\triangle ABC$ 中，$\overline{AB} = 2$、$\overline{BC} = 3$ 且 $\angle A = 2\angle C$，則 $\overline{AC} = \dfrac{㉘}{㉙}$。（化成最簡分數）

H. 坐標平面上給定點 $A(\dfrac{9}{4}, 2)$、直線 $L: y = -5$ 與拋物線 $\Gamma: x^2 = 8y$。以 $d(P, L)$ 表示點 P 到直線 L 的距離。若點 P 在 Γ 上變動，則 $\left| d(P, L) - \overline{AP} \right|$ 之最大值為 $\dfrac{㉚㉛}{㉜}$。（化成最簡分數）

可能用到的參考公式及數值

1. 一元二次方程式 $ax^2 + bx + c = 0$ 的公式解：$x = \dfrac{-b \pm \sqrt{b^2 - 4ac}}{2a}$

2. 平面上兩點 $P_1(x_1, y_1)$，$P_2(x_2, y_2)$ 間的距離

$$\overline{P_1 P_2} = \sqrt{(x_2 - x_1)^2 + (y_2 - y_1)^2}$$

3. 通過 (x_1, y_1) 與 (x_2, y_2) 的直線斜率 $m = \dfrac{y_2 - y_1}{x_2 - x_1}$，$x_2 \neq x_1$

4. 首項為 a 且公差為 d 的等差數列前 n 項之和 $S_n = \dfrac{n(2a + (n-1)d)}{2}$

   首項為 a 且公比為 r 的等比數列前 n 項之和 $S_n = \dfrac{a \cdot (1 - r^n)}{1 - r}$，$r \neq 1$

5. 三角函數的和角公式：　　$\sin(A + B) = \sin A \cos B + \cos A \sin B$

   $$\cos(A + B) = \cos A \cos B - \sin A \sin B$$

6. $\triangle ABC$ 的正弦定理：$\dfrac{a}{\sin A} = \dfrac{b}{\sin B} = \dfrac{c}{\sin C} = 2R$

   $\triangle ABC$ 的餘弦定理：$c^2 = a^2 + b^2 - 2ab \cos C$

7. 算術平均數：$\overline{X} = \dfrac{1}{n}(x_1 + x_2 + \cdots + x_n) = \dfrac{1}{n}\sum_{i=1}^{n} x_i$

（樣本）標準差：$S = \sqrt{\dfrac{1}{n-1}\sum_{i=1}^{n}(x_i - \overline{X})^2} = \sqrt{\dfrac{1}{n-1}\left(\left(\sum_{i=1}^{n} x_i^2\right) - n\overline{X}^2\right)}$

8. 95％信心水準下之信賴區間：$\left[\hat{p} - 2\sqrt{\dfrac{\hat{p}(1-\hat{p})}{n}},\ \hat{p} + 2\sqrt{\dfrac{\hat{p}(1-\hat{p})}{n}}\right]$

9. 參考數值：$\sqrt{2} \approx 1.414$，$\sqrt{3} \approx 1.732$，$\sqrt{5} \approx 2.236$，$\sqrt{6} \approx 2.449$，
　　　　　$\pi \approx 3.142$

10. 對數值：$\log_{10} 2 \approx 0.3010$，$\log_{10} 3 \approx 0.4771$，$\log_{10} 5 \approx 0.6990$，
　　　　　$\log_{10} 7 \approx 0.8451$

99年度學科能力測驗數學科試題詳解

第壹部分：選擇題

一、單選擇

1.【答案】(2)

　　【解析】∵ $1 + (-1) = 0$

　　　　　∴ 討論有幾組相加為 0，其他的全為 1 或 −1

　　　　　零組 ⇒ 10 或 −10　　　一組 ⇒ 8 或 −8

　　　　　兩組 ⇒ 6 或 −6　　　三組 ⇒ 4 或 −4

　　　　　四組 ⇒ 2 或 −2　　　五組 ⇒ 0

　　　　　∴ 共有 11 種可能，故選 (2)。

2.【答案】(3)

　　【解析】$\begin{vmatrix} 5 & a \\ b & 7 \end{vmatrix} = 4$　　　$\Rightarrow 35 - ab = 4$　　　$\Rightarrow ab = 31$

　　　　　∴ $(a, b) = (1, 31)$ 或 $(-1, -31)$

　　　　　∴ $|a + b| = 32$，故選 (3)。

3.【答案】(5)

　　【解析】遊戲獎金期望值 = 兩球顏色不同機率 × 獎金

　　　　　$\Rightarrow \dfrac{C_1^3 \times C_1^3}{C_2^6} \times 100 = \dfrac{9}{15} \times 100 = 60$，故選 (5)。

4. 【答案】(1)

   【解析】先求出 $\overline{AB}$ 方程式,再求 P、Q、R 到 $\overline{AB}$ 的距離

   $\because \triangle PAB$、$\triangle QAB$、$\triangle RAB$ 的底邊相同

   $\therefore$ 比較 P、Q、R 至 $\overline{AB}$ 的距離大小

   $\overline{AB}$：$x + y = 1$

   ① $d(P，\overline{AB}) = \dfrac{|\pi + 1 - 1|}{\sqrt{2}} = \dfrac{\pi}{\sqrt{2}}$

   ② $d(Q，\overline{AB}) = \dfrac{|-\sqrt{3} + 6 - 1|}{\sqrt{2}} = \dfrac{5 - \sqrt{3}}{\sqrt{2}}$

   ③ $d(R，\overline{AB}) = \dfrac{|2 + \log_4 32 - 1|}{\sqrt{2}} = \dfrac{1 + \dfrac{5}{2}}{\sqrt{2}} = \dfrac{\dfrac{7}{2}}{\sqrt{2}}$

   $\pi < 5 - \sqrt{3} < \dfrac{7}{2}$ $\Rightarrow$ $p < q < r$,故選 (1)。

5. 【答案】(3)

   【解析】假設一百小時後的細菌數為

   $b = 1 \cdot (1 + 8\%)^{100} = a \times 10^n$(兩邊取對數,以 10 為底)

   $\Rightarrow \log b = \log(1.08)^{100} = 100 \cdot \log\left(\dfrac{108}{100}\right)$

   $= 100 \cdot (\log 2^2 \cdot 3^3 - \log 100)$

   $= 100 \cdot (2\log 2 + 3\log 3 - 2)$

   $= 100 \cdot (2 \times 0.301 + 3 \times 0.4771 - 2) = 3.33$

   $= 3 + 0.33 = n + \log a$

   得 ① $n = 3$,故 b 為 $3 + 1 = 4$ 位數

   　② $\log a = 0.33$,由參考數值得 $\log 2 = 0.301$、

   　　$\log 3 = 0.4771$,得 $a = 2.\cdots$

   故選 (3) 2200 千隻。

6. 【答案】(4)

　　【解析】建立空間坐標系，得球面方程式為 $x^2 + y^2 + z^2 = 4^2$，

　　　　　　設 P 點為 $(x，y，z)$

　　　　　　依照題意 $\overrightarrow{OA} \cdot \overrightarrow{OP} = (1，2，1) \cdot (x，y，z) = 6$

　　　　　　$\Rightarrow x + 2y + z = 6$（一平面）

　　　　　　球心到平面的距離 $\dfrac{|0 + 2 \cdot 0 + 0 - 6|}{\sqrt{1^2 + 2^2 + 1^2}} = \dfrac{6}{\sqrt{6}} = \sqrt{6} < 4$，

　　　　　　得此平面與球面交於一平面，故選 (4) 一個圓。

7. 【答案】(4)

　　【解析】$\Gamma_1 : \dfrac{x^2}{5^2} + \dfrac{y^2}{3^2} = 1 \quad \Rightarrow l_1 = 5$

　　　　　　$\Gamma_2 : \dfrac{x^2}{5^2} + \dfrac{y^2}{3^2} = 2 \quad \Rightarrow \dfrac{x^2}{(\frac{5}{\sqrt{2}})^2} + \dfrac{y^2}{(\frac{3}{\sqrt{2}})^2} = 1 \quad \Rightarrow l_2 = \dfrac{5}{\sqrt{2}}$

　　　　　　$\Gamma_3 : \dfrac{x^2}{5^2} + \dfrac{y^2}{3^2} = \dfrac{2x}{5} \quad \Rightarrow \dfrac{(x-5)^2}{5^2} + \dfrac{y^2}{3^2} = 1 \quad \Rightarrow l_3 = 5$

　　　　　　$\therefore l_1 = l_3 < l_2$，故選 (4)。

二、多選題

8. 【答案】(2) (3)

　　【解析】(1) $\cos\theta_1 = \dfrac{1}{3} = \dfrac{2}{6} < \cos\dfrac{\pi}{4}$

　　　　　　　　　　$= \dfrac{\sqrt{2}}{2} = \dfrac{3\sqrt{2}}{6}$

　　　　　　　　$\Rightarrow \theta_1 > \dfrac{\pi}{4}$，不正確

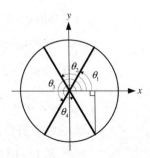

(2) $\theta_1 + \theta_2 = \theta_1 + (\pi - \theta_1) = \pi$ ，正確

(3) $\theta_3 \in$ 第三象限，餘弦函數為負數，

故 $\cos\theta_3 = -\dfrac{1}{3}$ ，正確

(4) $\theta_4 \in$ 第四象限，正弦函數為負數，

故 $\sin\theta_4 = -\dfrac{2\sqrt{2}}{3}$ ，不正確

(5) $\theta_3 = \pi + \theta_1 \cdots ①$ ， $\theta_4 = 2\pi - \theta_1 \cdots ②$ ，

②－①： $\theta_4 - \theta_3 = \pi - 2\theta_1$

得 $\theta_4 - \theta_3$ 不一定為 $\dfrac{\pi}{2}$ ，不正確

故選 (2) (3) 。

9. 【答案】 (1) (5)

　　【解析】 (1) 實係數奇次方程式至少有一實根，正確

(2) 底數為正之指數式必為正數，故 $2^x + 2^{-x} > 0$ ，不正確

(3) 令 $\log 2x = t$ ，代入方程式得 $t + \dfrac{1}{t} = 1 \Rightarrow t^2 - t + 1 = 0$

$\Rightarrow$ 此方程式判別式 $(-1)^2 - 4 \cdot 1 \cdot 1 < 0$ ，

故無實數根，不正確

(4) $|\sin x| \le 1$ ， $|\cos 2x| \le 1$ ，

故 $\sin x + \cos 2x = 3$ 必無實數解，不正確

(5) $4\sin x + 3\cos x = 5 \cdot (\dfrac{4}{5}\sin x + \dfrac{3}{5}\cos x) = 5 \cdot \sin(x + \alpha)$

又 $|\sin(x + \alpha)| \le 1$ ，得 $|5\sin(x + \alpha)| \le 5$ ，

故有實數解，正確

選 (1) (5) 。

10.【答案】(2) (3) (4)

　　【解析】(1) 若 $a_1 = 1$，$a_2 = \dfrac{1 \cdot 2}{2} - a_1 = 1 - 1 = 0$，不正確

　　　　　(2) $n(n+1)$ 為兩連續整數乘數，必為偶數，

　　　　　　　所以 $\dfrac{n(n+1)}{2} \in Z$，又 $a_1 \in Z$

　　　　　　　故根據整數之封閉性，$a_{n+1} = \dfrac{n(n+1)}{2} - a_n$ 必為整數

　　　　　(3) 同 (2)

　　　　　(4)　　$a_{2k} = \dfrac{(2k-1) \cdot 2k}{2} - a_{2k-1}$

　　　　　-)　　$a_{2k-1} = \dfrac{(2k-2) \cdot (2k-1)}{2} - a_{2k-2}$

$$a_{2k} - a_{2k-1} = \dfrac{(2k-1) \cdot 2k}{2} - \dfrac{(2k-2) \cdot (2k-1)}{2} - a_{2k-1} + a_{2k-2}$$

$$= (2k-1) - a_{2k-1} + a_{2k-2}$$

　　　　　$\Rightarrow a_{2k} = a_{2k-2} + (2k-1)$，又 $k \in N$，得 $2k - 1 > 0$，

　　　　　故 $a_{2k} > a_{2k-2}$，正確

　　　　　(5) 同 (4) $a_{2k} = a_{2k-2} + (2k-1)$，$2k - 1$ 為奇數，不正確

11.【答案】(1) (3) (5)

　　【解析】依照題意，分析如右圖，

　　　　　假設選項給的坐標為 M

　　　　　M 為原點 O 在直線 L 上的投影點，

　　　　　故 $\overrightarrow{OM} \perp \overrightarrow{MP}$，則 $\overrightarrow{OM} \cdot \overrightarrow{MP} = 0$

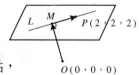

　　　　　(1) $(2，2，2) \cdot (0，0，0) = 0$，正確

　　　　　(2) $(2，0，2)$ 不在平面 $2x - y = 2$ 上，不正確

(3) $(\frac{4}{5}, -\frac{2}{5}, 0) \cdot (2-\frac{4}{5}, 2+\frac{2}{5}, 2-0) = 0$，正確

(4) $(\frac{4}{5}, -\frac{2}{5}, -2) \cdot (2-\frac{4}{5}, 2+\frac{2}{5}, 2+2) \neq 0$，不正確

(5) $(\frac{8}{9}, -\frac{2}{9}, -\frac{2}{9}) \cdot (2-\frac{8}{9}, 2+\frac{2}{9}, 2+\frac{2}{9}) = 0$，正確

故選 (1) (3) (5)。

12. 【答案】 (2) (4)

【解析】 (1) 此次抽查不代表全台灣的支持度，不正確

(2) 在 95%的信心水準之下，女性公民贊成此議題之比例的信賴區間爲 $[0.52 - 2 \cdot 0.02, 0.52 + 2 \cdot 0.02] = [0.48, 0.56]$，正確

(3) 假設此次調查的女性人數爲 n_1，男數人數爲 n_2

① $0.02 = \sqrt{\dfrac{0.52 \times 0.48}{n_1}}$ $\Rightarrow n_1 \doteq 624$

② $0.04 = \sqrt{\dfrac{0.59 \times 0.41}{n_2}}$ $\Rightarrow n_2 \doteq 151$，不正確

(4) 將男女混合，支持度必在兩者之間，正確

(5) 將男女混合，$\hat{p}$ 會在 0.52～0.59 之間（偏離 0.5），且人數 n 變多

根據標準差公式 $\sqrt{\dfrac{\hat{p}(1-\hat{p})}{n}}$，分子↓，分母↑，

此標準差必小於 0.02，不正確

第貳部份：選填題

A. 【答案】⑬ 6　⑭ 8

　　【解析】如右圖

$\overrightarrow{BA}=（-6，-1）、$

$\overrightarrow{BC}=（4，y-2）$

平行四邊形面積$=2\times\Delta ABC$

$$2\left[\frac{1}{2}\sqrt{(\sqrt{37})^2(\sqrt{16+(y-2)^2})^2-(-24-y+2)^2}\right]=38$$

$$\Rightarrow 3y^2-16y-99=0$$

$$\Rightarrow y=9\text{ 或 }\frac{-11}{3}（\text{不合}）$$

$$\therefore C（12，9）\qquad \because A+C=B+D$$

$$\therefore D（6，8）$$

B. 【答案】⑮ −　⑯ 6　⑰ 5

　　【解析】$\because f(x)$ 為實係數多項式　　$\therefore$ 虛根必成對

$$\therefore f(x)=1\cdot[x-(3+2i)][x-(3-2i)](x+i)(x-i)(x-5)=0$$

$$\Rightarrow f(x)=(x^2-6x+13)(x^2+1)(x-5)=0$$

常數項$=13\times1\times(-5)=-65$

C. 【答案】⑱ 4　⑲ 3　⑳ 2

　　【解析】（1、2同行+1、2同列）$\times$

　　　　　（3、4、5、6任意排列）

$$\Rightarrow (C_1^3\times C_1^2\times C_1^1+C_1^2\times C_1^3\times C_1^2)\times4!=432$$

D. 【答案】㉑ 1　㉒ 4

　　【解析】平面中兩條不平行直線有解，必為兩線相交（一組解）

$$\begin{cases} 2x - y = 1 \\ x - 2y = a \\ x - ay = 122 \end{cases} \bigg\rangle \begin{aligned} y &= \frac{-2a+1}{3} \\ y &= \frac{2a-244}{2a-4} \end{aligned} \Rightarrow \frac{-2a+1}{3} = \frac{2a-244}{2a-4}$$

$$\Rightarrow a^2 - a - 182 = 0 \qquad \Rightarrow (a-14)(a+13) = 0$$

$$\Rightarrow a = 14 \text{、} -13 （負不合）$$

E. 【答案】㉓ 9　㉔ 0　㉕ 7

　　【解析】(1) 由 $\triangle BAC$ 得 $\cos\theta = \dfrac{5}{6}$

　　　　　　(2) $\cos 2\theta = \dfrac{5}{x}（\triangle BAD）$

$$= 2\cos^2\theta - 1 = 2 \cdot \frac{25}{36} - 1 （倍角公式）$$

$$\Rightarrow x = \frac{90}{7}$$

F. 【答案】㉖ 4　㉗ 1

　　【解析】(1) $\begin{cases} y = x^2 + ax + b \\ y = 0 \end{cases} \Rightarrow x^2 + ax + b = 0$，

　　　　　　設此方程式兩根為 α、β

　　　　　　根據根與係數：$\alpha + \beta = -a$，$\alpha \cdot \beta = b$

$$\overline{PQ} = \sqrt{(\alpha - \beta)^2} = \sqrt{(\alpha + \beta)^2 - 4 \cdot \alpha\beta}$$

$$= \sqrt{a^2 - 4b} = \sqrt{49}$$

$(2)\begin{cases} y = x^2 + ax + b + 2 \\ y = 0 \end{cases} \Rightarrow x^2 + ax + b + 2 = 0$ ，

設此方程式兩根為 γ 、 δ

根據根與係數： $\gamma + \delta = -a$ ， $\gamma \cdot \delta = b + 2$

$\overline{RS} = \sqrt{(\gamma - \delta)^2} = \sqrt{(\gamma + \delta)^2 - 4\gamma\delta} = \sqrt{a^2 - 4b - 8} = \sqrt{41}$

G.【答案】㉘ 5　㉙ 2

　【解析】如右圖，

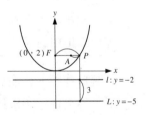

由正弦定理可知 $\dfrac{3}{\sin 2\theta} = \dfrac{2}{\sin\theta}$

$\Rightarrow \dfrac{3}{2\sin\theta\cos\theta} = \dfrac{2}{\sin\theta} \Rightarrow \cos\theta\,\dfrac{3}{4}$

再由餘弦定理可知 $4 = 9 + \overline{AC}^2 - 2\times 3\times\overline{AC}\times\cos\theta$

$\Rightarrow 4 = 9 + \overline{AC}^2 - 6\times\overline{AC}\times\dfrac{3}{4} \Rightarrow \overline{AC} = \dfrac{5}{2}$ 或 2 （不合）

H.【答案】㉚ 2　㉛ 1　㉜ 4

　【解析】(1) $x^2 = 4\cdot 2\cdot y$ ， $c = 2$

得此拋物線焦點 F（0，2），

準線 l： $y = -2$

(2) $|\,d\,(P，l) - \overline{AP}\,| = |\,d\,(P，l) + 3 - \overline{AP}\,|$

根據拋物線定義 $d\,(P，l)$， $= \overline{PF}$

故 $|\,d\,(P，l) + 3 - \overline{AP}\,| = |\,\overline{PF} - \overline{AP} + 3|$

而 $\overline{PF} - \overline{AP}$ 之最大值即為 $\overline{AF} = \dfrac{9}{4}$

所求 $|\,d\,(P，L) - \overline{AP}\,|$ 之最大值為 $\dfrac{9}{4} + 3 = \dfrac{21}{4}$

九十九年大學入學學科能力測驗試題
社會考科

單選題（佔 144 分）

說明：第 1 至 72 題皆計分。第 1 至 72 題皆是單選題，請選出一個最
適當的選項標示在答案卡之「選擇題答案區」。每題答對得 2
分，答錯不倒扣。

1. 有關「男兒有淚不輕彈」或「男主外，女主內」之敘述，下列哪
一概念最能說明其特性？
(A) 性別刻板印象　　　　　(B) 性別主流化
(C) 性別歧視　　　　　　　(D) 性別平等

2. 某國旅遊網站的編輯群，將臺灣著名小吃「豬血糕」評選為「全
球十大最怪食物」的第一名，並引述民眾評語，認為吃「豬血糕」
極為「恐怖、噁心」。下列哪一個概念最適合說明該編輯群這種
對「豬血糕」非常負面的看法？
(A) 多元文化主義　　　　　(B) 我族中心主義
(C) 文化相對論　　　　　　(D) 文明進化論

3. 有關自我與人格發展的觀點，下列敘述何者正確？
甲、佛洛伊德（S. Freud）提出「我」包括「本我」（id）、「自
我」（ego）、以及「超我」（superego）三部分，其中「超
我」扮演內在人格與外在世界紅綠燈的角色
乙、米德（G. H. Mead）以「重要他人」來代表兒童會考量的態
度、觀點、以及社會期望
丙、顧里（C. H. Cooley）提出「鏡中自我」來強調自我乃是我
們與其他人的社會互動之產物

丁、馬斯洛（A. Mas low）提出「需求層次理論」，說明人在
　　低層次的需求滿足後，會進一步地朝向較高層次需求的滿
　　足發展

(A) 甲乙　　　　　(B) 甲丙　　　　　(C) 乙丁　　　　　(D) 丙丁

4. 政府自民國八十三年推動「社區總體營造」以來，迄今已累積
　　相當豐富的成果。有關「社區總體營造」的敘述，下列何者最
　　爲正確？
　　(A) 以社區的硬體建造與物質建設爲首要
　　(B) 重視社區居民的自發性與主動性參與
　　(C) 著重結合民間企業進行舊社區全面更新
　　(D) 強調由政府扮演社區總體規劃與主導的角色

5. 犯罪之構成與否及刑事責任有無，與行爲人之故意或過失、責
　　任能力、有無阻卻違法或阻卻責任事由、罪刑法定原則等等息
　　息相關。以下敘述，何者符合我國刑法及相關法律之規定？
　　甲、行爲對他人造成傷害，倘非出於故意或過失，無須負刑責
　　乙、醫師受託，爲癌末病人注射毒藥實施安樂死，仍構成犯罪
　　丙、十四歲學生涉世未深，其販毒行爲只能記大過，不負刑責
　　丁、刑法修正，將無故刪他人電腦中電磁紀錄之行爲列爲犯罪，
　　　　在此以前無故刪除的行爲不構成犯罪，是符合罪刑法定
　　　　原則
　　(A) 甲乙　　　　　(B) 丙丁　　　　　(C) 甲乙丙　　　　　(D) 甲乙丁

6. 政府行使公權力，除依法行政外，尚應踐行正當法律程序。下
　　列何者可謂符合「正當法律程序」的原則？
　　甲、駕駛人闖紅燈，交通警察以當場不能或不宜攔截製單舉發
　　　　爲由，而逕行舉發

乙、政府查緝疑似違章建築時，未通知受處罰者陳述意見，即裁處罰鍰並予拆除

丙、教師升等著作經其答辯後，學校認定確係抄襲他人已出版論文，不通過其升等

丁、某私立學校未依法申請核准立案而遂行招生，經查屬實，政府命其立即停辦

(A) 甲乙　　　　　(B) 甲丙　　　　　(C) 甲丙丁　　　　　(D) 乙丙丁

7. 民事法律關係中，權利能力與行為能力、婚姻制度與有無最低結婚年齡限制、（養）子女繼承（養）父母遺產時的待遇是否相同、繼承時兩性是否平權、重製他人著作物時之分際為何等等，均屬學習時值得關注之課題。從以下敘述中，請選出何者符合我國民法及相關法律規定？

(A) 剛滿十六歲的小華未經父母同意，無法在銀行開戶，是因其欠缺權利能力

(B) 新婚之配偶如果對前配偶施暴及辱罵，仍屬家庭暴力防治法所規範之對象

(C) 出嫁女兒繼承父母遺產，與養子女繼承養父母同，至多達其兄或弟之一半

(D) 未經著作權人同意即複印、重製其作品，雖未超出合理之範圍，仍屬違法

8. 在實踐民主時，「程序民主」與「實質民主」都應該要兼顧，前者是過程上符合民主精神，後者是結果上符合民主精神。下列何者屬於「程序民主」的範疇？

(A) 為教育下一代具有民主素養，學校中設立公民教育課程

(B) 為表示尊重民間信仰，某些候選人參加廟會慶典並遊行

(C) 為解決進口美國牛肉的爭議，立法院進行朝野協商

(D) 選舉完畢落敗之候選人承認敗選，並向當選人恭賀

9. 「萬能政府」與「有限政府」是對政府應擔負功能的兩種不同看法，前者就是大政府的概念，後者即是小政府的概念。下列敘述何者正確？

   (A) 倚靠自由市場來管理經濟是屬於萬能政府的概念

   (B) 延長國民義務教育的年限是屬於有限政府的概念

   (C) 政府運用國庫發行消費券是屬於有限政府的概念

   (D) 設立職訓中心及就業服務站屬於萬能政府的概念

10. 「行政中立」是先進民主國家施政時追求的目標之一，我國目前也在積極尋求落實其精神。下列何者屬「行政中立」之表現？

    (A) 選舉期間，候選人不得進入公立學校內從事競選活動

    (B) 中央政府之行政權不介入立法權與司法權之間的爭議

    (C) 法院法官及考試院之官員利用私人時間參與政黨活動

    (D) 行政院長對於部會間專業上的爭議保持中立並不介入

11. 近年我國正式邦交國不多，國際處境困難，不論參與國際組織或是國際活動上都受限，但外交其實可有多種方式。下列哪一項為最成功的國民外交事例？

    (A) 我國所產製之腳踏車行銷全球口碑非常良好

    (B) 我國參加在哥本哈根舉行的全球氣候變遷會議

    (C) 我國布農族原住民之八部合音曾在奧運會上表演

    (D) 我國爭取到國民赴紐西蘭觀光免簽證的優惠待遇

12. 在賣場中我們經常會發現到同一品牌同一性能的消費性電子產品，其價格有持續下降的現象，其可能原因為何？

    甲、所得提高　　　乙、供過於求　　　丙、需求上升

    丁、技術進步　　　戊、全球化生產

    (A) 甲乙丁　　　(B) 乙丁戊　　　(C) 甲丙丁　　　(D) 乙丙戊

13. 有經濟學者認為，金融產業的膨脹並未帶來社會福祉，但金融商品的超高價格的確使得一國的 GDP 大幅成長。在這種情況下，即使生活水準降低，GDP 也無法反映出實際情況。上述問題產生的原因，主要是由於 GDP 計算方式的何種缺失所引起？

(A) 只考慮「市場交易」的部分

(B) 只計算「一段期間內」的經濟成果

(C) 以價格來衡量「附加價值」有時失準

(D) 無法正確反映出生產過程的「外部性」

14. 目前我國汽機車燃料稅為「隨車徵收」，每年依引擎排氣量的大小固定徵收一筆稅金。未來能源稅上路後，將改為「隨油徵收」，每公升汽油課以一定比例的稅金。就「綠色稅制」的觀點，此舉除了符合租稅公平性之外，也可以強調下列哪些概念？

甲、生產效率　　　乙、外部性問題

丙、比較利益　　　丁、使用者付費

(A) 甲丙　　　　　　　　(B) 乙丙

(C) 甲丁　　　　　　　　(D) 乙丁

15. 「志工旅行」近年來廣受年輕人歡迎，只要籌措部分旅費，即可到國外從事短期志工服務，吃住則由當地的非政府組織安排，省下大筆花費，除了可以助人，亦可以拓展國際視野，提昇自己的能力。關於「志工旅行」，下列敘述何者正確？

(A) 有助於我國人力資本的累積

(B) 有助於當地移民文化的形成

(C) 可彰顯國際貿易的分工特質

(D) 是兩國雙邊外交的具體展現

<u>16-18為題組</u>

◎ 民國 98 年 8 月上旬，莫拉克颱風造成我國 50 年來傷亡最慘重的水患，農業損失嚴重，工業基礎設施亦遭破壞，經濟損失甚鉅。風災發生之後，國內某些知名的非營利組織，於第一時間即投入救災行列，積極募集賑災物資並迅速發放，其執行效率受到高度肯定。至於政府的救災表現則頗受社會議論，部分媒體出現內閣改組的聲音。

16. 上文所提的「非營利組織」概念，具有以下哪些屬性？
　　甲、以服務公眾利益為宗旨　　　乙、服務或產品皆免費提供
　　丙、組織的任務由政府指派　　　丁、運用志工協助任務推動
　　戊、積極參與各項公共事務
　　(A) 甲乙丁　　　(B) 乙丙戊　　　(C) 甲丁戊　　　(D) 乙丙丁

17. 社會在 8 月時已出現對政府救災效能之議論，而總統在 9 月初決定更換行政院院長。在現行憲法相關條文之精神下，下列何者是此舉之正確解釋？
　　(A) 總統任期尚未過半時，不宜貿然更換行政院院長
　　(B) 總統可在通盤考量後，決定是否更換行政院院長
　　(C) 總統在立法院總質詢結束前，不宜更換行政院院長
　　(D) 總統需要時間爭取立法院對新院長人選之投票通過

18. 若以農業產品為橫軸，工業產品為縱軸，此次風災可能造成「生產可能曲線」如何變動？
　　(A) 整條生產可能曲線往外移動
　　(B) 整條生產可能曲線往內移動
　　(C) 生產組合點沿著原來的生產可能曲線往右移動
　　(D) 生產組合點沿著原來的生產可能曲線往左移動

<u>19-20為題組</u>

◎ H1N1 病毒引發的新型流感快速蔓延，引起各國關注，並建立防範機制。首先我國政府針對受感染之入境旅客檢疫隔離，其後國內口罩因需求增加造成價格上揚，引發社會議論，政府因此協調廠商緊急調度資源，24 小時生產線不停工，供給增加才使得口罩價格回穩。隨著疫情加溫，政府已針對學校感染情況發布停課標準，並逐步展開全面性的疫苗注射。

19. 政府進行機場入境檢疫及發布學校停課標準等措施，與下列哪項國家存在目的與功能最為接近？
　　(A) 增進公共利益　　　　　(B) 落實社會正義
　　(C) 維持領土完整　　　　　(D) 維護文化傳統

20. 下列何者價格上升而後回跌的供需變動原因與上述口罩的例子一樣？
　　(A) 颱風過後，蔥價爆漲；其後產地氣候大致穩定，蔥價因此回跌
　　(B) 油價飆升，國道客運車票價格調升；但因高鐵的競爭，車票價格隨後調降
　　(C) 澎湖的地價因離島博奕條例之施行而急揚；但公投沒過使得地價下滑
　　(D) 研究指出蒜頭有益健康使得蒜價高漲；農民因此搶種蒜頭，價格回跌

<u>21-22為題組</u>

◎ 社會生活，除法律之外，甚倚賴倫理與道德規範加以制約，傳統社會的道德觀強調五倫關係，而現代社會除五倫之外，還進一步倡導群己關係及公共倫理之重要性。

21. 下列何者最能代表提升群己關係品質的具體做法？

甲、努力參與科展小組，遠赴國外參展獲得金牌

乙、擔任反菸團體義工，勸導社會大眾遠離菸害

丙、積極擴大交友範圍，常參與婚友社聯誼活動

丁、參加某合唱團體，春節赴監獄爲受刑人表演

(A) 甲乙　　　　(B) 乙丁　　　　(C) 丙丁　　　　(D) 甲丙

22. 下列敘述中哪項作爲符合公共倫理的規範？

(A) 某高三學生感冒發燒，怕考前引起班上同學恐慌，不聲張亦不戴口罩上課

(B) 某養殖場雞隻發生禽流感，爲避免擴大感染，農民私下將患病雞撲殺掩埋

(C) 有疫情警報時，國民爲了降低流行疾病社區感染可能，自發接受疫苗施打

(D) 醫師應媒體要求，於電視節目公開病人照片及病歷，宣揚人工美容之神奇

23-24爲題組

◎ 震災後，上百災民被集中安置於收容中心。災民趙大懷疑其皮包錢財遭災民錢二竊盜，向收容中心報告；收容中心廣播請求災民全體集合，排隊接受收容中心辦事人員之搜身檢查。翌日，收容中心廚工孫三工作時，手受刀傷而被感染化膿，污染其經手食材。災民不知情食用菜餚後，紛紛上吐下瀉。

23. 關於上述搜身檢查事件，請從以下敘述中選出何者符合我國相關法律規定？

(A) 收容中心之災民聽到廣播，依法必須排隊接受搜身檢查

(B) 收容中心災民凡拒絕搜身檢查之請求者，即構成竊盜罪

(C) 收容中心辦事人員對災民搜身之請求，顯然是於法無據

(D) 災民經搜身無人涉案，對中心人員並無法追究侵權責任

24. 關於上述食材污染事件，請從以下敘述中選出何者符合我國民法及消費者保護法之規定？

(A) 孫三疏失致災民受害，屬應注意、能注意而不注意，須負責賠償

(B) 食材遭污染係因廚工疏失所致，與收容中心無關，後者不必負責

(C) 廚工孫三經手食材致災民腹瀉非因故意，所以根本無須負責賠償

(D) 因供應災民伙食係免費，收容中心尚不必為其餐飲衛生安全負責

25. 十八世紀初，一位法國學者稱讚當世某國的政治，認為這個國家的君主以倫理、道德治理天下，任用知識份子為官，但官位並非世襲，堪稱是希臘「哲學家國王」的化身。這位學者所稱的某國是：

(A) 中國　　　　　　　　(B) 土耳其

(C) 英國　　　　　　　　(D) 日本

26. 同學撰寫報告時，前往圖書館翻閱日據時期的舊報刊，無意間發現：從某個時期起，臺灣所有報刊裡的漢文欄目都消失了。這個現象最早可能發生於何時？

(A) 1905 年　　　　　　 (B) 1920 年

(C) 1937 年　　　　　　 (D) 1945 年

27. 一個延續千餘年的大帝國，以農業爲立國基礎，其首都是歐洲地區及地中海世界最大的政治、經濟和宗教中心，控制歐洲和亞洲之間的貿易與文化往來。這個帝國是指：

(A) 亞述帝國　　　　　　　(B) 阿拔斯帝國

(C) 拜占庭帝國　　　　　　(D) 神聖羅馬帝國

28. 在中國某個朝代中，皇帝頒下詔書，一個官員反對這個命令，並在詔書上寫下他的看法。其他官員趕忙勸阻，認爲這對皇帝不敬，但這位官員表示這是法律賦予他的職責。皇帝知道此事後，非但沒有責備，反而嘉許他能防範詔敕可能發生的錯誤。這個故事最可能發生在何時？

(A) 兩漢　　　(B) 隋唐　　　(C) 兩宋　　　(D) 明清

29. 某地自 1840 年代起就發展工業、礦業，1850 年代修建鐵路，1860 年代已有鐵路 1300 公里，到 1870 年擴增爲 7700 公里，1890 年代增至 25600 公里。1851 年，當地開始興建紡織廠，到了 1900 年，共有紡織廠 193 所，還有茶葉公司與黃麻工廠。當地人民並未享受這些經濟發展帶來的好處，因此不斷要求自治，希望享有平等的政治權利。這個地方應當是：

(A) 越南　　　(B) 加拿大　　　(C) 日本　　　(D) 印度

30. 一位年輕人曾經通過縣裡的考試，中了秀才，卻必須再前往省城師範講習所唸書，以便將來可以找個事做。回到家鄉教書時，課本已經改變，要教算數，不再教千字文。而每個縣中都設置勸學所，以便提倡新式的教學，原本設在關帝廟的學堂也改稱高等小學。這位年輕人生活在哪個時期？

(A) 清朝中期　　　　　　　(B) 清末民初

(C) 抗戰期間　　　　　　　(D) 光復初期

31. 一群學生接到政府命令，前往草原上放牧牛羊，名爲「學習」。
不巧，這年多天風大雪大，牛、羊損失甚多，有些學生受不了草
原生活的艱苦，潛逃回城市，但又被遣送回草原。若干年後，政
府政策改變，他們才獲准回到都市，繼續求學就業。這種情景最
可能發生在何時何地？

(A) 1871 年，法國   (B) 1910 年，俄國

(C) 1941 年，德國   (D) 1970 年，中國

32. 圖一是十九世紀末期歐洲某一族群向外移動的路線圖。這個民族
原本來自外地，移入後不斷受到外來干擾，十九世紀起向外移動，
前往拉丁美洲與美國。也
有人提倡移往巴勒斯坦，
希望建立自己的國家。
這個民族是：

(A) 猶太人

(B) 德意志人

(C) 土耳其人

(D) 斯拉夫人

圖一

33. 西方人論及某國時，指出：「該國原本閉關自守，後改其態，君
民一德，變法維新，迄今不過五十年，而功效大著，以能收還其
治外法權，列入萬國公會，成爲完全獨立自主，平等之國矣。」
這是指哪一個國家？

(A) 德國   (B) 中國

(C) 印度   (D) 日本

34. 某一時期中，農民開始開墾荒地，改善灌溉措施，並使用各種役畜，也用各種有機肥料，以增加農作收穫。逐漸形成定耕，並獲得土地的所有權。這種情況最可能出現在何時？
    (A) 西周前期　　　　　　　(B) 戰國時期
    (C) 西漢末期　　　　　　　(D) 魏晉時期

35. 一位學者認為：政府與人民間原有契約關係，政府應當保障人民的生命、自由和財產，才能獲得人民的認可，其統治才有正當性。如果政府不能善盡其義務，人民便可解除契約。我們如何理解這種理論？
    (A) 柏拉圖的理想國理念，主張國君應當為民服務
    (B) 洛克提出的政府學說，主張人民可以推翻政府
    (C) 法國大革命時的人權宣言，認為世人都應平等
    (D) 威爾遜提出民族自決論，認為自由為基本人權

36. 監察御史來臺考察後，上奏建議：應在臺灣府以木為柵，保護官署，並在要衝處設置砲位，加強防守，相關工程交由臺灣縣知縣辦理。朝廷批示：實屬妥當，同意辦理，並嘉獎相關人員。這個事件的背景是：
    (A) 鄭成功企圖攻打臺灣，荷蘭管理當局的計畫
    (B) 施琅攻下臺灣之後，為加強臺灣防務的處置
    (C) 朱一貴事件平息以後，雍正皇帝的治臺措施
    (D) 日軍借牡丹社事件攻臺後，福建巡撫的作為

37. 一位歐洲學者有這樣的經歷：他出生時，多數世人還認定地球是一個扁平的陸塊；到他求學時，周遭已經有許多人相信地球是圓的，各地還流傳許多有關遠方新奇事物的傳說。這位學者鮮少離開家鄉，卻能根據平時蒐集的資料，描述世界各地的新奇事物，

如巨大的宮殿、雄偉的神殿、食人族等。他還將這些蒐集起來，編寫一本世界誌，出版後引起許多人的好奇與搶購。這應當是何時的情景？

(A) 西元前二世紀　　　　　(B) 西元九世紀

(C) 西元十六世紀　　　　　(D) 西元十八世紀

38. 評論家討論圖二的畫作，說畫家精研透視法，對物體的結構、光影效果十分瞭解，也注重物像解剖，花瓣、枝葉畫得都維妙維肖。這幅畫作應當是：

圖二

(A) 元代的工筆畫，受到阿拉伯人的影響

(B) 明代的文人畫，受到知識份子的啓發

(C) 清代的宮廷畫，受到西方敎士的敎導

(D) 民國的寫意畫，受西方抽象畫的影響

39. 作家撰寫家族的歷史時，寫到：「父親於 1900 年出生在一個海港城市中，城中到處是商店、市集。家鄉早在 1888 年時就出現了電話設備，1903 年時有軌電車開始運作。第二次世界大戰爆發後，家鄉受到戰火波及，1943 年起盟軍就持續轟炸，城中大部分的房舍都毀於戰火，死傷無數。」這座城市應當是？

(A) 德國的漢堡　　　　　(B) 中國的上海

(C) 印度的孟買　　　　　(D) 臺灣的高雄

40. 兩位學者各自根據其閱讀史料，提出對漢代社會型態的看法。甲學者認爲漢代社會是地緣社會，聚落內部的血緣聯繫不強；乙學者則認爲漢代是血緣社會，聚落內部同姓的力量強大。我們應如何理解兩位學者意見的差異？

(A) 甲學者的主張符合古代宗族瓦解後的形勢，較爲合理

(B) 乙學者的看法反映出古代社會的延續性，較具說服力

(C) 兩位學者立場相反，正可說明歷史解釋缺少合理基礎

(D) 古代地域社會間差異甚大，不應該只有一種社會型態

41. 下表是 1891–1896 年間四個國家的農業人口佔總人口百分比：

	農業人口佔總人口百分比
甲國	70 %
乙國	42 %
丙國	22 %
丁國	10 %

試問表中的甲、乙、丙、丁四國分別是：

(A) 甲：法國　　　乙：英國　　　丙：荷蘭　　　丁：俄羅斯

(B) 甲：英國　　　乙：荷蘭　　　丙：俄羅斯　　丁：法國

(C) 甲：荷蘭　　　乙：俄羅斯　　丙：英國　　　丁：法國

(D) 甲：俄羅斯　　乙：法國　　　丙：荷蘭　　　丁：英國

42. 學者指出：明清之際，江南出現了「婦女半邊天」的說法，顯示江南婦女的家庭地位日益重要。這種現象的發生最可能與下列何者有關？

(A) 通俗文化盛行，平民識字率提高，婦女在家庭中的地位因而提高

(B) 棉紡織業興起，以女性爲主的手工副業成爲家庭經濟的重要收入

(C) 引進甘藷、玉米等新作物，改變農業生產方式，提高了婦女地位

(D) 江南地區人口大量外移，性別比例失衡，女性地位因而日益重要

43. 某州長官希望任用張三爲其僚屬，但人事官員卻以「資籍不當」爲由，不同意這項任命。當州長官表示一定要任用此人，人事官員嚴肅地說：「州僚屬的任命必須經過本地人的評議，我是本地人，既然不同意，長官就不應違反這個制度。」這樣的場景最可能發生在：
    (A) 兩漢
    (B) 南北朝
    (C) 中晚唐
    (D) 宋明

44. 某一時期中，臺灣登記繳稅的土地原本只有 35 萬公頃，但政府清查田地時，一舉查出 25 萬公頃未登記的土地。政府重新核定稅額，政府財政收入也因此大幅提高。這個政策最可能實施於何時？
    (A) 鄭氏治臺時期
    (B) 康熙平臺以後
    (C) 日本統治初期
    (D) 臺灣光復初期

45. 一位國家領袖表示：「我們必須加強海軍，以維護我國的利益。我們的海外同胞，不管是神職人員、商人或從事其他行業，都應該相信：我們的海軍會永遠保護他們。」我們如何理解這個談話？
    (A) 拿破崙戰爭期間英國政府的主張
    (B) 德意志帝國在東亞擴張時的聲明
    (C) 日本發動珍珠港事變之前的宣傳
    (D) 波斯灣戰爭期間美國提出的政策

46. 1830 年左右，臺灣的官員爲了因應局勢，開始推動「聯莊」政策。他們編造「閑民冊」，又結合數個村莊，加以編組，實施「清莊聯甲」之法。這個政策的目的是：
    (A) 防範遊民擾亂秩序
    (B) 抵抗西方國家進犯
    (C) 防範日本入侵臺灣
    (D) 削弱本地地主勢力

47-48為題組

◎ 表一與表二是 1956 到 1986 年間臺灣四個都會區人口數與人口年成長率的資料。

表一（單位：千人）

	1956	1966	1976	1986
甲	1,237	2,099	3,457	4,887
乙	608	977	1,546	1,954
丙	378	560	808	1,109
丁	426	599	780	972

表二（單位：%）

	1956	1966	1976	1986
甲	6.1	5.3	4.4	3.6
乙	4.3	4.3	3.5	1.8
丙	—	3.7	3.6	3.1
丁	6.6	3.1	2.3	2.3

47. 表一的丙都會區最可能是：
    (A) 臺北　　　　(B) 臺中　　　　(C) 臺南　　　　(D) 高雄

48. 表二的甲都會區到 1980 年代以後人口仍維持較高成長率的主要原因為何？
    (A) 經濟與社會發展，吸引大批人口移入
    (B) 政府推行鼓勵生育的新人口政策生效
    (C) 醫療資源發達，人口死亡率大幅降低
    (D) 為發展經濟，進用國外高級科技人才

49. 1990 年代後期，許多專家曾經警告，美國的畜牧方式「符合一切狂牛症爆發的條件」。2003 年 12 月 23 日，美國出現第一起狂牛症病例。為此，臺灣也在去年（2009），對開放美國帶骨牛肉進口的貿易行為爭論不休。美國「符合一切狂牛症爆發的條件」和該國哪項特色關係最密切？
    (A) 國際貿易額高　　　　　　　(B) 科技化農業盛
    (C) 人口移動頻繁　　　　　　　(D) 都市化程度高

50. 曾文水庫越域引水工程,是將高雄縣境內的荖濃溪溪水,先引至楠梓仙溪,再從楠梓仙溪引入嘉義縣曾文溪的上游,最後才注入曾文水庫內。該越域引水工程穿越臺灣哪兩座山脈?
    (A) 中央山脈與雪山山脈　　(B) 中央山脈與玉山山脈
    (C) 雪山山脈與阿里山山脈　(D) 玉山山脈與阿里山山脈

51. 臺灣在工業化的過程中,曾設置許多工業區,鼓勵廠商進駐設廠。廠商在工業區設廠,可獲得下列哪項經濟利益?
    (A) 聚集經濟　　(B) 工業慣性　　(C) 產業升級　　(D) 國際分工

52. 圖三是某地在冬至當天太陽光入射角的逐時變化。從圖中判斷,該地最可能位於下列哪個國家境內?
    (A) 美國
    (B) 巴西
    (C) 紐西蘭
    (D) 俄羅斯

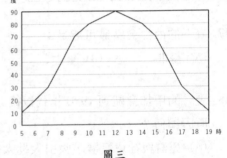

圖三

53. 東南亞地區熱帶栽培業發達,林礦事業興盛,首要型都市分布的特性顯著,港埠型都市眾多。這些現象反映出該地區下列哪項區域特色?
    (A) 華僑人數眾多且分布普遍　(B) 自然環境景觀複雜又多樣
    (C) 出口導向經濟色彩很濃厚　(D) 區域發展不均但結盟緊密

54. 回歸線兩側的大陸西岸,多中性或鹼性的栗鈣土或荒漠土,東岸則多酸性的紅壤或黃棕壤。大陸東岸酸性土分布較普遍的原因,主要受下列哪兩項因素影響?
    (A) 日照、雲量　　(B) 信風、季風
    (C) 氣溫、濕度　　(D) 洋流、鋒面

55. 一國主要的貿易對象，呈現了國家間經濟合作依賴的緊密關係，進出口商品種類則反應了該國原料資源的豐缺或經濟發展程度的高低。表三為某國 2007 年主要出口貿易對象及出口額，表四為該國主要進出口商品。該國最可能為下列哪個國家？

表三

貿易國	出口額 （百萬美元）	％
日本	31,898	19.0
中國	23,803	14.1
韓國	13,463	8.0
美國	10,024	6.0
紐西蘭	9,478	5.6
印度	9,289	5.5
英國	7,012	4.2

表四

項目	種　　類
主要 出口 商品	煤、鐵、鋁、金、肉類、羊毛、小麥、機械與運輸設備
主要 進口 商品	電腦與辦公設備、通信設備、原油與石化產品

(A) 巴西　　　(B) 澳洲　　　(C) 南非　　　(D) 印尼

56. 「多元的合成文化」是中南美洲的區域特色之一。該區域特色的形塑，和下列哪項事實有關？
　(A) 大地主制和貧富差距的擴大
　(B) 工業革命和世界貿易的興起
　(C) 奴隸貿易和歐洲殖民的背景
　(D) 市場開放和熱帶雨林的開發

57. 1985 年前後，日本人民普遍認為「土地不會貶值」，只要土地需求依舊，經濟就不會衰退，因而掀起一波波買賣股票與土地的熱潮。1989 年，日本各項經濟指標達到最高點。但在 1990 年代，日本卻因地價高昂，土地買賣有行無市，股票也一落千丈，進入蕭條時期。上述現象可用哪個概念解釋？
　(A) 產業轉型　　　　　　　　(B) 社會梯度
　(C) 產業空洞化　　　　　　　(D) 經濟泡沫化

58. 21 世紀以來，網路虛擬商店等類型的電子零售業（e-tailing），
    在一些經濟強國中快速地發展。此現象說明了電子零售業具有下
    列哪些經營特性？
    甲、藉由廣告的宣傳，網路商務已成主流消費型態
    乙、藉由網路來展示商品，降低消費者的購物時間
    丙、藉由跨越國界的銷售範圍，可以擴大經營規模
    丁、無法面對顧客以即時調整銷售策略，風險升高
    (A) 甲乙　　　　(B) 乙丙　　　　(C) 丙丁　　　　(D) 甲丁

59. 照片一為臺灣常見的四種海岸地形景觀。塑造這些海岸地形最主
    要的地形營力為何？

甲

乙

丙

丁

照片一

    (A) 風力　　　(B) 洋流　　　(C) 波浪　　　(D) 潮汐

60. 臺灣農業發展過程中，政府為了配合內、外在環境的轉變，提倡園藝作物專作、水田轉作、發展精緻農業等政策。其中「水田轉作」政策，可能對臺灣環境造成何種影響？
    (A) 土壤鹽化程度增強
    (B) 地下水補注量減少
    (C) 二氧化碳濃度降低
    (D) 地表植被覆蓋增多

61. 在現代工業社會裡，一個新產品研發成功、生產上市後，產品在市場上的流通，通常循著一個系統的軌跡發展，稱產品週期（product life-cycle），如圖四所示。當產品週期發展至哪兩個階段，最可能出現區位擴散、空間轉移的現象？

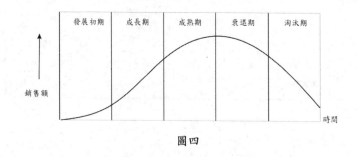

圖四

    (A) 發展初期、成熟期   (B) 成長期、成熟期
    (C) 成長期、衰退期   (D) 發展初期、淘汰期

62-64為題組

◎ 圖五為臺東某地的等高線圖，等高線的高度單位為公尺，每個正方形網格為 4 平方公里。圖中的東興聚落，曾經在 1969 年 9 月 26 日，因為焚風引發大火，造成嚴重的死傷。

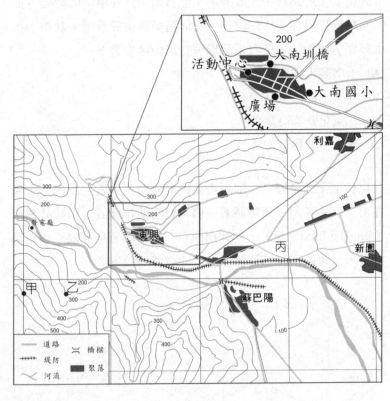

圖五

62. 圖中甲、乙兩點之間的平均坡度，最接近下列哪個數值？
   (A) 5 ％
   (B) 10 ％
   (C) 15 ％
   (D) 20 ％

63. 東興、利嘉與蘇巴陽聚落間的河流地形，即丙地所在的地形面，其地形營力作用具有下列何種特色？
   (A) 隆起大於沉降
   (B) 沉降大於隆起
   (C) 堆積大於侵蝕
   (D) 侵蝕大於堆積

64. 1969 年東興聚落因焚風所引發的大火，火勢延燒的方向最可能
是下列何者？
(A) 由廣場往大南圳橋的方向
(B) 由大南圳橋往活動中心的方向
(C) 由大南國小往活動中心的方向
(D) 由活動中心往大南國小的方向

65-67為題組

◎ 照片二為全球五個自然景
觀帶的代表性植被景觀。

65. 哪個植被代表的自然景觀
帶，單位土地面積內的動、
植物種類數量最多？
(A) 甲
(B) 丙
(C) 丁
(D) 戊

66. 哪個植被代表的自然景觀
帶內，其自給性農業活動
最為集約？
(A) 甲
(B) 丙
(C) 丁
(D) 戊

照片二

67. 就「水平衡」而言，哪兩個植被代表的自然景觀帶，「剩水」最多？
(A) 甲乙　　　　(B) 甲丙　　　　(C) 乙戊　　　　(D) 丙戊

68-70為題組

◎ 表五是 2005 年若干國家的人口資料。

表五

人口資料 國家	平均年成長率（%）		年齡組成（%）			粗出生率（‰）	粗死亡率（‰）
	1985–1995	1995–2005	0–14	15–64	65 以上		
甲	0.11	0.11	20.20	67.00	12.80	13.82	8.38
乙	0.02	0.04	13.50	64.30	22.20	7.64	9.54
丙	0.08	0.14	19.80	72.10	8.10	14.00	7.06
丁	0.07	0.11	18.70	71.56	9.74	9.06	6.13
戊	0.23	0.30	36.70	58.10	5.20	28.17	4.46
己	0.23	0.32	38.10	58.30	3.60	26.27	5.41
庚	0.21	0.29	40.90	55.00	4.10	32.75	17.84
辛	0.25	0.28	40.70	56.80	2.50	33.74	12.94

68. 在不考慮社會制度差異的情況下，哪兩國的壯年人口，平均負擔的老年安養支出最沈重？
    (A) 甲乙　　　　(B) 甲庚　　　　(C) 乙丁　　　　(D) 丁庚

69. 哪些國家的人口轉型已經進入「低穩定階段」？
    (A) 甲乙丙丁　　　　　　(B) 甲乙庚辛
    (C) 丙丁戊己　　　　　　(D) 戊己庚辛

70. 圖六是某種型態的人口金字塔。表五中哪兩個國家的人口金字塔，最接近圖六？
    (A) 甲丁
    (B) 乙戊
    (C) 丙己
    (D) 庚辛

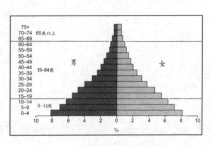

圖六

71-72為題組

◎ 一首唐詩寫到某地區的景象：「君不見走馬川，雪海邊，平沙莽莽黃入天。輪臺九月風夜吼，一川碎石大如斗，隨風滿地石亂走。」

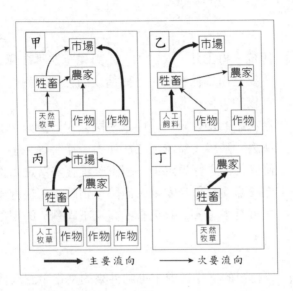

圖七

71. 該詩描述的地區，最可能見到圖七四種農業活動中的哪種經營模式？

(A) 甲　　　(B) 乙　　　(C) 丙　　　(D) 丁

72. 該詩描述的地區，如欲發展現代工商業活動，必須先克服的問題是：

(A) 土壤淺薄貧瘠　　　(B) 勞工供應不足
(C) 淡水資源短缺　　　(D) 宗教信仰分歧

99年度學科能力測驗社會科試題詳解

單選題

1. **A**

   【解析】 傳統「男主外，女主內」「男兒有淚不輕彈」的觀念，
   主要是由於社會文化方面造成的性別差異，屬於性別
   刻板印象。
   憲法第七條規定：「中華民國人民，無分男女、宗教、
   種族、階級、黨派，在法律上一律平等。」，憲法增
   修條文第十條規定：「國家應維護婦女之人格尊嚴、
   保障婦女之人身安全、消除性別歧視、促進兩性地位
   之實質平等。」避免有「同工不同酬」的現象。

2. **B**

   【解析】 以自己的文化標準來批判外來的文化，認為自己的文
   化比較優異，這種想法比較接近「我族中心主義」觀
   點。

3. **D**

   【解析】 就米德的理論，在兒童社會化階段會受「重要他人」
   的影響，模仿重要他人的行為舉止。佛洛伊德的人格
   發展理論，自我又稱真實的我，是本我與超我之間的
   調節。

4. **B**

   【解析】 民國83年「行政院文建會」提出「社區總體營造」，
   透過政府與民間共同討論、組織，藉由行動參與，喚
   起社區意識，建立公民社會。

5. **D**

【解析】 (丙) 依據刑法規定，未滿十四歲人之行為不罰，十四
　　　　　歲以上未滿十八歲人之行為得減輕其刑，十二歲
　　　　　以上十四歲未滿之行為人販毒為少年保護事件。
　　　　　至於年滿十四歲以上，未滿十八歲之行為人，販
　　　　　賣一級和二級毒品的本刑都在七年以上，依少年
　　　　　刑事案件處理的。

6. **B**

【解析】 法治國的基本原則，即在維護國家法律秩序，保障基
　　　　本人權，實現憲法所保障的正當法律程序。違反正當
　　　　法律程序原則，即對人民基本權的侵害「憲法第十六
　　　　條保障人民有訴訟之權，旨在確保人民有依法定程序
　　　　受公平審判之權利。」包括 (1) 為了確保公正，訴訟法
　　　　規關於各項訴訟程序的進行，如何規定而使訴訟當事
　　　　人可以在法院公平的進行攻防。(2) 因行政處分向原處
　　　　分機關陳述意見、聲明不服。(3) 人民對於中央或地方
　　　　機關之行政處分，認為違法或不當，致損害其權利或
　　　　利益者，向原處分機關之上級機關請求撤銷或變更原
　　　　處分。

7. **B**

【解析】 (A) 權利能力就是享受權利、負擔義務的能力或資格，
　　　　　　行為能力乃能獨立為有效法律行為的能力。七歲以
　　　　　　上未滿二十歲且未婚之未成年人，其行為原則上應
　　　　　　由其法定代理人代為之。
　　　　 (C) 女兒是直系血親卑親屬，是民法第一順位繼承權人，
　　　　　　養子女享有與婚生子女相同之繼承權。
　　　　 (D) 著作權人以外之人，對於著作權人依法享有之專有

權利，縱使未經著作權人同意或授權，仍得在合理的範圍內，以合理方法，自由、無償加以利用。

(1) 各級學校及擔任教學之人，爲授課需要，在合理範圍內，得重製他人已公開發表之著作。

(2) 中央或地方機關，因立法或行政目的、司法程序使用之必要。

(3) 供公眾使用之圖書館、博物館、歷史館、科學館、藝術館或文教機構，得就其收藏之著作重製。

(4) 個人或家庭爲非營利目的，在合理範圍內，得利用圖書館及非供公眾使用之機器重製。

8. **C**

【解析】 程序性的民主制度，意謂衝突的雙方或多方，願意善用理性，冷靜地與對方面對問題，相互妥協、彼此讓步，找出各方都能接受的方案，以化解衝突。判斷實質民主或是程序民主的關鍵在於憲法是否在政治生活中具備真正的權威，而選舉的過程是否自由和其結果是否會得到尊重。

9. **D**

【解析】 爲避免政府專制濫權，人們犧牲奮鬥以建構「有限政府」，爲顧全人民生活生計需求，人們又企盼「萬能政府」強調最好的政府是提供最多的服務。

10. **A**

【解析】「行政中立」當亦是指文官體系行政人員於執行職務時做到 (1) 政治團體或政治活動之中立 (2) 利益團體之中立 (3) 個人價值理念之中立。

11. **C**

12. **B**

【解析】 (甲)消費者所得提高，將使需求線右移，價格上漲

(丙)需求上升，需求曲線右移，價格上漲。

13. **C**

【解析】 GDP是以將其生產所有商品與勞務的最後價值，只衡量人們經濟活動的成果，與非經濟活動沒有直接關係，GDP不能反映家庭倫理、社會道德等非經濟活動的程度，也沒有考慮經濟安定與經濟公平的層面，低估地下經濟，有其重大缺失。

14. **D**

【解析】 外部性就是一個人或廠商之行為決策中，並未考慮對其他人或廠商的影響，因此會造成公害過多與公益過少的後果；因此，政府必須介入管制外部性，以減少公害之產生與增加公益之提供。

15. **A**

16-18為題組

16. **C**

【解析】 非營利組織以追求公共利益為目標，可以為整體社會帶來福祉，可提高人民對公共事務的影響力。非營利組織的主要目的雖非營利，仍然需注重效益。

17. **B**

【解析】 憲法增修條文第二條有「總統發布行政院院長與依憲法經立法院同意任命人員之任免命令及解散立法院之命令，無須行政院院長之副署，不適用憲法第三十七條之規定。」

18. **B**

【解析】 生產可能曲線上(1)線上任何一點代表資源有效的被利用(2)線內的任何一點代表資源沒有充分利用(3)線外的任何一點代表目前技術無法達到。

19-20 為題組

19. **A**

【解析】 憲法第二十三條規定，欲限制人民之基本權利，必須符合下列情狀：為防止妨礙他人自由、避免緊急危難、維持社會秩序、增進公共利益。比例原則：(1)適當性(2)必要性(3)衡量性不得為達目的不擇手段。法律保留原則，指的是國家行為必須有法律之依據，也就是說當國家欲限制基本權利時，必須以法律為之。

20. **D**

【解析】 市場價格變動原因：主要是因為供給和需求雙方的關係有所變化，也影響了市場價格。市場存在超額供給，預期價格下跌。

21-22 為題組

21. **B**

【解析】 李國鼎先生曾提出「第六倫」的主張，拓廣過去「五倫」的範圍，以因應現代社會強調「群己關係」的社會趨勢。投入志願服務工作之力量做最有效之運用，使服務的人力、物力能獲得最充分的利用，是每個人的社會責任。

22. **C**

【解析】 在政治哲學家羅爾斯眼中，所謂的公共倫理，那是整個社會基本的正義，存在相互理解、信任、尊重，在這個共同基礎上，社會才有開展的能力。

23-24 為題組

23. **C**

【解析】 限制人民之基本權利，必須符合「比例原則」、「法律保留原則」。

24. **A**

【解析】 民法中的侵權行為，因故意或過失，不法侵害他人之權利者，負損害賠償責任。

25. **A**

【解析】 十八世紀初（200 多年前），歐洲興起「中國熱」，中國思想成為歐洲啟蒙思想運動的重要動力；歐洲人對中國通過公開考在平民選拔官員的科舉制度，極為推崇；「法蘭西思想之父」——伏爾泰（Voltaire, 1694–1778）崇拜中國儒家思想，認為中國君主以倫理、道德治理天下，並將中國的政治體制視為最完美的政治體制，因為中國的文官制度能讓下層階級人民得以晉升為統治階層；自古以來，歐洲的官爵都是世襲的，啟蒙思想家們的腦袋裡一直裝著柏拉圖在《理想國》書中「哲學家當王」的理想，他們反對封建世襲制度；中國古代的科舉選官制度則通過考試的方式，讓寒門子弟有進入仕途的機會，這種憑藉學問和才幹、「學而優則仕」的制度與啟蒙思想一拍即合。

26. **C**

【解析】 日治時期 1936 年小林躋造出任臺灣總督，揭示「皇民
化、工業化、南進基地化」施政方針，為消滅台灣人
的漢文化意識，1937 年第二次世界大戰開始「臺灣所
有報刊裡的漢文欄目都消失了」。

27. **C**

【解析】 從關鍵句「一個延續千餘年的大帝國」可知為「東羅
馬帝國」；

(A) 亞述帝國（1350–612B.C.）；

(B) 阿拔斯帝國（750–1258A.D.）；

(C) 拜占庭帝國，即東羅馬帝國（330–1453A.D.）；

(D) 神聖羅馬帝國（962–1806A.D.）；

另一個關鍵句為：「其首都是歐洲地區及地中海世界
最大的政治、經濟和宗教中心，控制歐洲和亞洲之間
的貿易與文化往來」

(A) 亞述帝國首都——尼尼微，位於兩河流域的底格里
斯河東岸，不符合；

(B) 阿拔斯帝國首都——巴格達，位於底格里斯河中游，
可說是「歐洲地區及地中海世界最大的政治、經濟
和宗教中心」，但不符合「控制歐洲和亞洲之間的
貿易與文化往來」；

(C) 拜占庭帝國首都——君士坦丁堡，位於博斯普魯斯
海峽西岸，符合題意；

(D) 神聖羅馬帝國的首都——布拉格，不符合題意。

28. **B**

【解析】 隋唐「三省制度」分權且合議制，君權雖高但不專制，
唐中央官制最受後世稱頌，三省長官都是宰相，有事

合議於「政事堂」，──武則天時命令「不經鳳閣（中書省）鸞臺（門下省）」，即被官員批評「何得爲敕？」

29. **D**

　【解析】（A）越南：1885 年清（中）法戰爭後被法國侵占，修建鐵路速度不可能如此迅速；

　　　　（B）加拿大：英國在 1867 年建立加拿大聯邦，允許其自治；

　　　　（C）日本：1868 年明治維新後日本即成亞洲強國，無需不斷要求自治；

　　　　（D）印度：從鐵路修建、紡織廠增設，與不斷要求自治，聯想到聖雄甘地等推動的「不合作運動」，可知爲印度。

30. **B**

　【解析】清末八國聯軍後滿清推動庚子後新政（慈禧變法），廢除書院，改設各級學堂（蒙養學堂、高等與中小學堂等），並設勸學所，以便提倡新式的敎學，由「課本已經改變，要敎算數，不再敎千字文」、「每個縣中都設置勸學所」、「原本設在關帝廟的學堂也改稱高等小學」等可知爲清末民初。

31. **D**

　【解析】1966 年–1976 年「文化大革命」時期，根據毛澤東《五七指示》精神興辦「五七幹校」，集中黨政機關幹部、科研文敎部門的知識分子，對他們進行勞動改造、思想敎育的地方，「幹校」是「幹部學校」的簡稱；中共建立 105 所「五七幹校」，遣送安置了十萬多名下放幹部、三萬家屬和五千名知識靑年；1972 年大批老

幹部和專家教授讓他們返城，五七幹校漸趨衰落，直
到 1979 年各地幹校陸續撤銷，故題幹中「一群學生接
到政府命令，前往草原上放牧牛羊，名爲『學習』」
「若干年後，政府政策改變，他們才獲准回到都市」。

32. **A**

【解析】　由題目中「有人提倡移往巴勒斯坦，希望建立自己的
國家」可知即爲猶太人（以色列人）；猶太人在西元
前 1025 年於巴勒斯坦建立希伯來王國，西元前 925 年
希伯來王國分裂成北邊的以色列和南方的猶大；以色
列亡於亞述帝國，猶大亡於新巴比倫帝國；19 世紀末
期，因東歐的迫害，成千上萬的猶太人逃離他們的居
留地，多數投奔美國、加拿大和西歐，不過憑著宗教
信仰，到二十世紀終於重建自己的國家──以色列。

33. **D**

【解析】　由題幹中「該國原本閉關自守，後改其態，君民一德，
變法維新，迄今不過五十年，而功效大著……成爲完
全獨立自主，平等之國矣。」可知爲日本，因曾經閉
關自守的國家有「中國」與「日本」，中國自強運動
等效果不彰；日本 1868 年君臣上下一心推動明治維新
成功，經中日甲午戰爭、日俄戰爭、第一次世界大戰
等，每戰皆捷，擠身於世界強國之林。

34. **B**

【解析】　春秋戰國中國井田制度逐漸破壞，土地私有制度形成；
加上春秋戰國生產工具的進步（開始出現牛耕、犁耕；
鐵製農具普及）、水利灌溉的發達（魏文侯時西門豹
引漳水灌溉鄴、李冰父子在四川成都建都江堰、秦王

用韓國人鄭國修鄭國渠）、農業知識的進步（天然肥料使用、除草防治病蟲害、土壤的改造與保護）、政府學者的重視等華北（黃河流域）農業進步。

35. **B**

【解析】 (B) 十七世紀英國思想家——洛克（Locke）在《政府論》中，認為人民創立政府以保障「天賦人權」——生命權、自由權和財產權，政府的權力建立在被統治者的同意上，政府未能保障人民的天賦權利，人民有權加以推翻；

(A) 柏拉圖《理想國》重點放在統治者的身分上，並未探討政府與人民之關係；

(C) 1789 年法國大革命時發表的《人權宣言》闡明司法、行政、立法三權分立的原則；

(D) 1918 年美國威爾遜總統的《十四點和平計畫》提出「民族自決論」，提出全世界各民族，皆可自行決定自己的政府體制等，與題幹不符。

36. **C**

【解析】 (A) 「監察御史」是中國官職之一，且荷蘭治台時期未設臺灣府，與「荷蘭管理當局的計畫」不符；且荷蘭建熱蘭遮城（Zeelandia，今台南安平古砲台——台南紅毛城）原為竹木沙土牆垣，後改換成磚石；

(B) 施琅攻下臺灣後，實施移民三禁，且禁止臺灣築城；

(C) 1721 年朱一貴事件爆發後，才在臺南府建立木柵城；

(D) 1874 年牡丹社事件發生，沈葆楨於安平興建砲臺，置放西洋巨砲以為防禦，並奏請在恆春砌磚疊石築城牆，與題幹不符。

37. **C**

【解析】 古希臘已有人提出地圓說，西元前六世紀古希臘數學家畢達哥拉斯（Pythagoras）首次提出「地圓說」；希臘化時代埃拉托色尼（Eratosthenes）在西元前三世紀提出地球圓形說，但因缺乏精密儀器證實，不爲當時人接受；西元 2 世紀希臘天文學家托勒密（Claudius Ptolemy）也認爲大地是圓球形的，十五世紀後，地圓說被廣泛傳播，許多開闢新航路的探險家都相信這個學說，西元十六世紀葡萄牙人麥哲倫（Fernando de Magallanes）船隊完成人類歷史上首次環球航行，它向全人類證明地球是圓形的。

38. **C**

【解析】 明末清初地理大發現後，中國繪畫受到歐洲傳教士畫風的影響出現變化；清初有西洋傳教士以繪畫供奉內廷，其中最有名的就是郎世寧，郎世寧等人以西方寫生的技法，運用文藝復興以後歐洲精密的解剖學和透視法技巧，「對物體的結構、光影效果十分瞭解，也注重物像解剖，花瓣、枝葉畫得都維妙維肖」。

39. **A**

【解析】 (A) 此題關鍵處是「第二次世界大戰爆發後，家鄉受到戰火波及，1943 年起盟軍就持續轟炸」，只有德國和台灣會被盟軍轟炸，因台灣是日本殖民地（但當時高雄沒有軌電車，不選），德、義、日爲軸心國，被轟炸後的德國漢堡，超過 90% 的建築物盪然無存；

(B) 中國與盟軍並肩作戰，不會被盟軍續轟炸；

(C) 印度當時是英國殖民地，不會被盟軍續轟炸。

40. **D**

【解析】 夏商周三代中國實施封建制度，特別重視血緣關係；春秋戰國時出現戶籍制度，戶籍出現代表統治者掌握人民的方式，從血緣族群轉變為地緣區域；傳統中國的社會基礎並非由血緣的結合，轉變為地緣的連繫，而是兩者的相加；父老是傳統禮俗的中心，與代表政治力量的里正等，成為鄉里間兩種類型的領袖，漢代應該不只有一種社會型態。

41. **D**

【解析】 十八世紀後期工業革命後，工廠大量出現，工人人數大為增加，農民人數相對減少，十九世紀末可從農業人口佔總人口百分比例觀察該國工業化的程度，工業革命是從英國開始往歐洲大陸由西而東的方向擴張，越接近英國的國家工業化越早，故答案為 (D)。

42. **B**

【解析】 (A) 宋朝後通俗（庶民、大眾）文化盛行，代表大眾娛樂活動及商業的繁榮，對婦女在家庭中的地位的提高並無一定的幫助；

(B) 明清江南棉紡織業興起，才有「湖廣熟，天下足」的諺語，有別於宋朝的「蘇常熟，天下足」，以女性為主的手工副業成為家庭經濟的重要收入，江南婦女的家庭地位當然日益重要；

(C) 美洲經濟作物——甘藷、玉米等的引入，改變明清之際生產方式及糧食作物的來源，對婦女的家庭地位日益重要無多大幫助；

(D) 明清之際並無江南人口大量外移之事。

43. **B**

【解析】 漢代推行選舉制（察舉徵辟、鄉舉里選），但東漢來
因察舉敗壞，名實不符，出現世代為官家族——「士族」
或「世族」；曹魏文帝採陳群建議創「九品官人法」
（九品中正制），由在中央任官的本處人兼任各級中
正官，將人才定為九個等級，中正官以簿世（譜牒家
世）、行狀（才幹、道德）等為標準評定本處州郡人
士，魏晉南北朝時「九品官人法」符合「州僚屬的任
命必須經過本地人的評議」。

44. **C**

【解析】 日本統治初期首任日本總督樺山資紀對台灣作「舊慣
調查」，僅清查田地時即發現台灣有 60 多萬甲地，
遠比割讓清冊所載 30 多萬甲多出 25 萬公頃未登記的
土地，故日本政府重新核定稅額，政府財政收入也因
此大幅提高。

45. **B**

【解析】 (A) 拿破崙戰爭期間（1804–1815 年），英國海軍實力
遠超出法國；

(B) 德意志帝國皇帝威廉二世（1888–1918 年）高唱
「大日耳曼族主義」、「世界政策」和「大海軍主
義」，在對東亞擴張時，德國不甘在海軍上落後英
國，積極加強海軍；

(C) 日本不會專門發表保護「神職人員」的宣傳；

(D) 波斯灣戰爭期間，美國已是海上強權國家。

46. **A**

【解析】 「清莊」指清代臺灣清查莊內不良之徒，防範遊民擾

亂秩序，並非對抗外賊的措施；有時爲避免清查甲莊
而令清查對象逃至乙莊，又常聯合數莊之保甲制同時
爲之，謂之「清莊聯甲」，或簡稱爲「聯莊」。

47-48 爲題組

47. B

【解析】　甲——台北；乙——高雄；丙——台中；丁——台南。

48. A

【解析】　台北都會區的經濟與社會高度發展，就業機會多，吸
引人口移入。

49. B

【解析】　(1) 狂牛症是一種腦退化疾病，腦組織迅速被破壞成空
洞狀，導致行爲異常，平衡失調，終至死亡。
　　　　(2) 狂牛症爆發原因：科技化的濃縮飼料中含有被污染
的牛或羊的肉及骨粉，當牛吃到受污染的飼料即受
傳染得病。

50. D

【解析】　(1) 荖濃溪與楠梓仙溪均屬高屏溪水系。
　　　　(2) 中央山脈是台灣分水嶺，故曾文溪與高屏溪間的越
域引水工程穿越位中央山脈西側的玉山與阿里山山
脈。

51. A

【解析】　台灣工業區因廠商集中進駐，產生「聚集經濟」。

52. B

【解析】 (1) 多至（12月22日）：太陽直射南迴歸線。

(2) 巴西有 23.5°S 經過，冬至日太陽直射，故中午 12 點時太陽在天頂，陽光入射角為 90°。

註：大考中心表示，因各版本對於陽光的入射角定義不同，若以「入射光與界面法線的夾角」定義入射角，則無一選項符合題義，故答「B」及未答本題者均得分。

53. C

【解析】 東南亞地區受西方殖民的影響，熱帶栽培業發達，林礦事業興盛，經濟以出口導向為主，故多首要型都市及港埠型都市。

54. B

【解析】 (1) 回歸線兩側：

① 大陸西岸：因背信風，雨量較少，多栗鈣土或荒漠土。

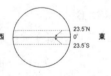

② 大陸東岸：因面迎信風，雨量豐富，淋溶作用較強，故多酸性的紅壤或棕壤。

(2) 回歸線北側的大陸東岸：受來自海上的季風吹拂而濕潤多雨，淋溶作用強，多酸性土。

55. B

【解析】 (1) 澳洲礦產豐富，盛產煤、鐵發展機械與運輸設備；農牧業興盛，產肉類、羊毛、小麥，為主要出口商品。

(2) 澳洲的貿易國多為亞太國家及鄰國紐西蘭。

56. C

【解析】 因奴隸買賣→引進非洲文化 ⎱ 形塑出「多元的合成
　　　　因歐洲殖民→植入歐洲文明 ⎰ 文化」。

57. **D**

　【解析】 以大量金錢買賣股票和土地，並未實際從事產業，當
　　　　　出現土地買賣有行無市，股票一落千丈現象的蕭條時
　　　　　期，為經濟泡沫化。

58. **B**

　【解析】 甲：網路商務尚未形成主流消費型態。
　　　　　丁：網路銷售，風險較小。

59. **C**

　【解析】 由照片可判讀屬「海蝕」地形，甲：岩岸受蝕崩落
　　　　　乙：海蝕凹壁　丙：海蝕洞　丁：海蝕柱，
　　　　　海蝕作用的營力以波浪為主。

60. **B**

　【解析】「水田轉作」其他作物，「水田」消失，灌溉減少，
　　　　　地下水補注量減少。

61. **B**

　【解析】 產品的生命週期階段：
　　　　　1. 發展初期（導入期）：產品初上市銷售量不大，此
　　　　　　 期製造區位就是原企業所在。
　　　　　2. 成長期：銷售量成長，利潤增加，製造區位開始擴
　　　　　　 散。
　　　　　3. 成熟期：產品被消費者接受，其他廠商加入競爭，
　　　　　　 銷售量成長緩和，製造區位轉移至生產成本低且可
　　　　　　 開拓新市場的地方。
　　　　　4. 衰退期、淘汰期：產品銷售量下滑，獲利率低。

62-64 為題組

62. D

【解析】 每個正方形網格代表 4 平方公里＝

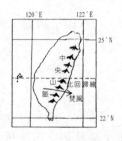

故知圖中甲、乙距離 1 公里。

$$坡度 = \frac{甲高度 - 乙高度}{甲、乙距離} = \frac{450 - 250(公尺)}{1000(公尺)}$$

$$= \frac{200}{1000} = 20\%$$

63. C

【解析】 東興、利嘉與蘇巴陽聚落，位河川流出山口處，為山麓沖積扇地形，故堆積大於侵蝕。

64. D

【解析】

由附圖可知：風由西向東越過中央山脈下沉增溫形成焚風，故由位於西方的活動中心吹向位於東方的大南國小。

65-67 為題組

65. A

【解析】 甲為熱帶雨林：樹木為爭取陽光，形成明顯層次，動物隨之分層棲息和覓食，動、植物種類數量最多。

66. **C**

　【解析】　丁代表乾燥地區：區內的自給性綠洲農業，作物成層

　　　　　　分布，爲集約的精耕農業。

67. **A**

　【解析】　1. 甲圖：熱帶雨林。

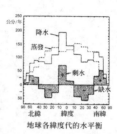

地球各緯度代的水平衡

　　　　　　　乙圖：溫帶海洋性氣候。

　　　　　　2. 地球水平衡圖中可判讀出：

　　　　　　　(1) 剩水最多區：赤道以北

　　　　　　　　（ 0°～10°N ）

　　　　　　　(2) 缺水最多區：熱帶乾燥（ 20°～30°NS ）

　　　　　　　(3) 剩水氣候類型：①熱帶雨林（ 10°～10°S ）

　　　　　　　　②熱帶季風③溫帶海洋（ 40°～60°NS ）

　　　　　　　(4) 缺水氣候類型：①熱帶莽原（信風帶）

　　　　　　　　②馬緯度無風帶③地中海型（ 30°～40°NS ）

　　　　　　　　④溫帶大陸⑤溫帶乾燥（ 30°～50°NS ）

68-70 爲題組

68. **A**

　【解析】　1. 甲（ 12.8% ）、乙（ 22.2% ）兩國老年人口比例

　　　　　　　最高。

　　　　　　2. 甲：$\dfrac{壯年67.0}{老年12.8}=5.23 \rightarrow$ 每 5.23 個壯年負擔 1 個

　　　　　　　老年安養支出。

　　　　　　　乙：$\dfrac{64.3}{22.2}=2.89 \rightarrow$ 每 2.89 個壯年負擔 1 個老年

　　　　　　　安養支出。

69. **A**

【解析】 人口轉型的人口出生率與死亡率的變動,可分為四個
階段,低穩定階段的人口出生率低、死亡率低,請見
圖示:

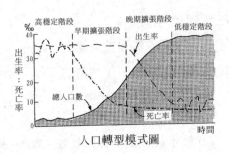

人口轉型模式圖

70. **D**

【解析】 庚辛兩國粗出生率高、粗死亡率高,幼年人口比例亦
高,最接近低人口金字塔圖形。

71-72 為題組

71. **D**

【解析】 唐詩中描述:「⋯平沙莽莽黃入天⋯⋯一川碎石⋯隨
風滿地亂走。」可判斷屬乾燥地區,農業活動應以游
牧為主。

72. **C**

【解析】 乾燥氣候區欲發展工商業,必先有淡水資源。

九十九年大學入學學科能力測驗試題
自然考科

第壹部分（佔 96 分）

一、單選題（佔 64 分）

說明：第 1 至 32 題為單選題，每題均計分。每題選出一個最適當的
選項，標示在答案卡之「選擇題答案區」。每題答對得 2 分，
答錯不倒扣。

1. 生命現象有其特徵，下列何者<u>未被歸納</u>為生命現象的特徵？
   (A) 生物體的運動
   (B) 異種生物間訊息的溝通
   (C) 產生與本身構造相似的後代
   (D) 生物細胞內物質的合成或分解
   (E) 生物體體積的增大，體內物質或細胞的增加

2. 科學家研究某地狐狸一年四季的食物比
   例變化，結果如圖1，則下列相關敘述，
   何者最合理？（甲：兔子或囓齒類動物；
   乙：植物果實或種子；丙：昆蟲；
   丁：鳥類）

   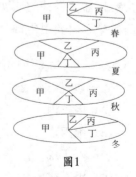

   圖1

   (A) 每季狐狸取食昆蟲的比例都沒有改變
   (B) 一年四季中，狐狸取食鳥類的比例在
       冬季時最高
   (C) 一年四季中，狐狸取食兔子或囓齒類的比例在秋季時最高
   (D) 該地春夏兩季植物大量開花，植物果實或種子的數量最多

3. 下列有關草原生態系的敘述，何者正確？

(A) 年平均降雨量必須爲 250–750 公釐

(B) 強風也可能使多雨的地方形成草原生態系

(C) 草原生態系中，終年的優勢物種爲蕨類及蘚苔

(D) 台灣因爲年平均降雨量爲 2000 公釐左右，所以沒有草原生態系

4. 細胞的核質比值（細胞核體積：細胞質體積）是細胞學檢查的一個重要參數。下列哪一細胞的核質比值最大？

(A) 水蘊草葉片細胞　　　　(B) 人的口腔黏膜細胞

(C) 洋蔥鱗葉表皮細胞　　　(D) 洋蔥根尖生長點細胞

5-7題爲題組

　　牛樟樹是台灣特有的常綠闊葉樹，生活於中、低海拔的森林中，樹幹之腐朽心材內常有牛樟芝（*Antrodia cinnamomea*）生長。牛樟芝爲一種眞菌，具有某些醫藥功效，由於牛樟芝生長於樹幹中，必須將整棵樹木砍倒才能夠獲得大量的牛樟芝。近年來爲了取牛樟芝作爲藥材，使牛樟樹慘遭非法盜採，導致牛樟樹越來越稀少。另外牛樟樹的授粉和種子發芽的成功率偏低，更導致族群數量快速地減少。還好目前科學家研究出牛樟芝人工培育的方法，以免牛樟樹再無辜遭受砍伐。

5. 表 1 中，牛樟樹和牛樟芝生物特性的比較，哪些正確？（「+」表示具備該特徵；「-」表示不具備該特徵）

(A) 甲乙丙

(B) 甲丙戊

(C) 丙丁戊

(D) 甲丁戊

表1

選項	特徵	牛樟樹	牛樟芝
甲	葉綠體	+	-
乙	菌絲	-	-
丙	種子	+	-
丁	細胞壁	+	+
戊	維管束	+	-

6. 下列何者<u>並非</u>牛樟樹數量減少的原因？

 (A) 授粉成功率偏低 (B) 被人類砍伐

 (C) 牛樟芝寄生，使牛樟樹病死

 (D) 種子發芽率偏低

7. 牛樟樹和牛樟芝的關係和下列何者最相近？

 (A) 蚜蟲和螞蟻 (B) 喬木及生長於其上的木耳

 (C) 白蟻和鞭毛蟲 (D) 地衣中的藻和菌

8. 某天小明到某濱海火山國家地質公園，上午 10 時左右來到公園內古火山口，因適逢低潮，火山口完全出露，小明很清楚得看到整個火山口的形貌。他於下午 3 時再度回到了火山口附近補拍照片，因為當時已漲潮，火山口被海水淹沒，而無法拍攝。

 試問，若小明 7 天後再次前往公園內拍攝出露的火山口，下列哪個時刻最適合？

 (A) 上午 7 時 (B) 上午 10 時

 (C) 下午 1 時 (D) 下午 4 時

 (E) 下午 7 時

9. 可可在野外發現下列 5 種植物，她依據分類原則，將這些植物做成了檢索表如圖2。

 下列有關此檢索表的各分類依據，哪些是<u>正確</u>？

 甲：是否有維管束

 乙：是否有種子

 丙：是否有形成層

 丁：是否會開花

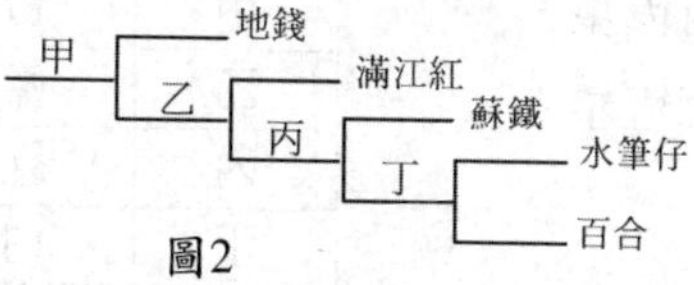

圖2

 (A) 甲乙 (B) 甲丙 (C) 甲丁

 (D) 乙丙 (E) 丙丁

10. 根據 2003 年 12 月號自然雜誌發表的研究，台灣在 1970–1999 年間的平均侵蝕率為 0.4 公分/年，亦即每單位面積（平方公分）平均每年被侵蝕掉 0.4 公分厚度的岩石，假設全數經由河流帶入海洋中。試問，台灣平均每年約有多少百萬噸的沉積物被帶入海洋？（假設台灣面積為 36000 平方公里，岩石平均密度為 2.7 公克/立方公分）

(A) 10
(B) 140
(C) 380
(D) 970
(E) 1500

11. 一架飛機從水平跑道一端，自靜止以 4×10^4 牛頓的固定推進力開始作等加速度運動，第 5 秒末時，飛機瞬時速率為 10 公尺/秒。若飛機質量為 10^4 公斤，則飛機在前 5 秒的加速過程所受之平均阻力為多少牛頓？

(A) 4×10^5
(B) 2×10^5
(C) 4×10^4
(D) 2×10^4
(E) 4×10^3

12. 表 2 為恆星資料，依據表中恆星的顏色、視星等、絕對星等，判斷哪一顆星與地球的距離大於 32.6 光年？（絕對星等為星星距地球 32.6 光年的亮度）

(A) 甲恆星
(B) 乙恆星
(C) 丙恆星
(D) 丁恆星

表2

恆星	顏色	視星等	絕對星等
甲	黃	4	6
乙	藍	8	11
丙	紅	7	9
丁	白	3	2

13. 圖 3 是水氣含量和溫度的關係圖，圖中的粗線為飽和曲線，甲、乙、丙和丁的箭頭方向分別代表大氣中的水氣要達到飽和的途徑。關於自然現象 " 露 " 的形成，主要是透過下列哪一種途徑而達到飽和？

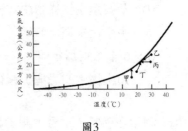

圖3

甲：溫度固定時，增加水氣而達飽和

乙：經升高溫度及減少水氣量而達飽和

丙：水氣含量不變時，降低溫度而達飽和

丁：經降低溫度及增加水氣而達飽和

(A) 甲　　　(B) 乙　　　(C) 丙　　　(D) 丁

14. 在自然界中，下列何者最不可能發生水氣凝結現象？

(A) 富含水氣的氣流沿著迎風坡爬升

(B) 越過山脈於背風坡的含水氣氣流

(C) 暖空氣沿冷鋒面上升

(D) 強烈熱對流上升

15. 表 3 為地質年代與各類生物化石存在的時間和數量（表 3 中以寬度表示，愈寬表示數量愈多）的關係，下列相關敘述，何者正確？

表3

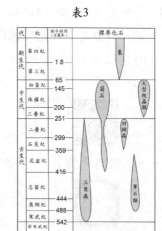

(A) 三葉蟲曾悠游於侏儸紀的海洋中

(B) 台灣西部山區的第三紀海相地層中可發現菊石化石

(C) 二疊紀和三疊紀之間的生物滅絕事件，只促成大型爬蟲類動物的發展

(D) 菊石類生物從古生代開始發展，在古生代晚期曾減少，直到中生代末期才滅絕

(E) 6 千 5 百萬年前，有一主要的生物滅絕事件，只讓大型爬蟲類生物（如恐龍）滅絕

16. 測量血壓時，手臂上測量點的高度應與心臟同高。已知血液密度約為 1.0 公克/公分^3，水銀密度約為 13.6 公克/公分^3。若將手臂上舉，使測量點升高 41 公分。在不考慮血液的流動及心臟的調節功能之情況下，測得的血壓變化量約是多少公釐水銀柱？

(A) 升高 41　　　　(B) 升高 30　　　　(C) 不變

(D) 降低 30　　　　(E) 降低 41

17. 小華透過護目鏡直接仰望觀測日食，發現日偏食的缺角在西北方。當時小華低頭摘下護目鏡，看見地上樹蔭中有小小的日食光影。下列何者為樹蔭中的日食光影缺角的方位？

(A) 東北　　　　(B) 東南　　　　(C) 西北

(D) 西南　　　　(E) 光影無缺角

18. 發生於 2009 年 7 月的日食，讓居住於台灣地區的人有機會觀測到日食發生的經過。試問日食發生的當天晚上最可能觀測到下列哪種月相？

(A) 眉月　　　　　　　　(B) 弦月

(C) 滿月（望）　　　　(D) 新月（朔）

19. 氧的元素符號是 O，水的分子式是 H_2O。下列哪一個是雙氧水
（過氧化氫）的分子式？
(A) O_2–H_2O　　　　　(B) H_2O_3　　　　　(C) HO_2
(D) H_2O_2　　　　　(E) H_3O_2

20. 小華將 100 公克的 100℃ 沸水與 150 公克的 0℃ 冰塊放在絕熱容
器中。當達成熱平衡時，剩下多少公克的冰未熔化？
(A) 150　　　　　(B) 100　　　　　(C) 25
(D) 10　　　　　(E) 0

21. 2009 年 8 月莫拉克颱風侵台，造
成八八水災。使得台灣地區重大
的人員傷亡，重挫台灣地區的經
濟和農業。圖 4 爲莫拉克颱風路
徑圖，路徑圖中標示爲甲、乙、
丙、丁的哪一段時間，最可能爲
台灣地區帶來豪雨？

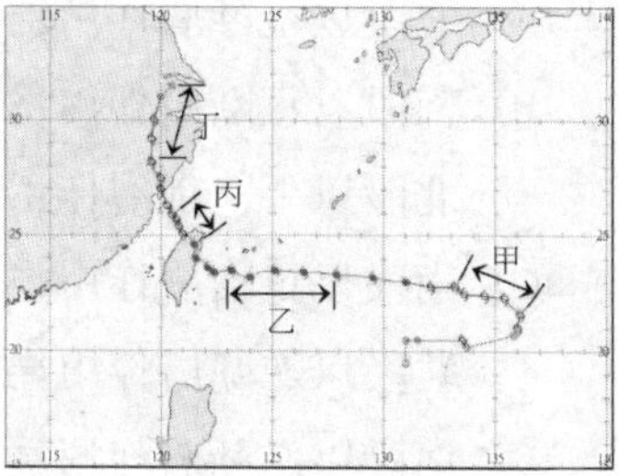

圖4

(A) 甲　　(B) 乙　　(C) 丙　　(D) 丁

22. 救難隊欲發射拋繩器，以繩索連接河谷兩岸。一名隊員連續拍手，
估計對岸峭壁距離。他愈拍愈快，當 6 秒拍手 20 次時，拍手節奏
與回音同步。已知空氣中聲速爲 340 公尺/秒，則該隊員與河谷對
岸峭壁的最短距離約爲多少公尺？
(A) 340　　(B) 120　　(C) 100　　(D) 50　　(E) 20

23. 許多人喜歡在夏天到海邊戲水，也會在沙灘玩砂。試問在台灣沿
海的沙灘隨意抓取的一把砂是屬於下列哪一類的物質？
(A) 元素　　　　　(B) 純物質　　　　　(C) 化合物
(D) 混合物　　　　　(E) 聚合物

24. 2008 年 5 月 12 日四川發生強烈地震，震央（圖中星號）位於青藏高原和四川盆地的交界處附近，規模為 8，震源深度 19 公里，地表破裂沿龍門山斷層帶（如圖 5 中虛線）發展，長約 300 公里，根據地震後利用全球衛星觀測系統（GPS）的測量，可以得到 GPS 測站地震前和地震後的水平方向的錯移量，稱為同震的水平位移（圖中箭頭，箭頭方向表示地震前和地震後該測點的移動方向，箭頭大小表示同震水平錯移量），有關龍門山斷層的敘述，何者正確？（圖中右下角箭頭代表 GPS 測量比例尺）

(A) 南段以平移斷層作用為主；
　　北段以正斷層作用為主

(B) 南段以正斷層作用為主；
　　北段以平移斷層作用為主

(C) 南段以正斷層作用為主；
　　北段以逆斷層作用為主

(D) 南段以逆斷層作用為主；
　　北段以平移斷層作用為主

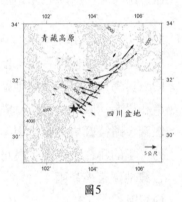

圖5

25. 氪與鉛的核融合反應過程為：

(1) 高能的 $^{86}_{36}\text{Kr}$ 離子轟擊 $^{208}_{82}\text{Pb}$ 靶，氪核與鉛核融合，放出 1 個中子，形成新元素 X

(2) 120 微秒後，X 元素的原子核分裂出 1 個氦原子核，而衰變成另一種新元素 Y

(3) 600 微秒後又再釋放出一個氦原子核，形成另一種新元素 Z

下列有關此核融合反應的敘述，何者錯誤？

(A) 氪核與鉛核融合產生 X 之核反應式為 $^{86}_{36}\text{Kr} + ^{208}_{82}\text{Pb} \rightarrow ^{1}_{0}\text{n} + ^{293}_{118}\text{X}$

(B) X→Y 之核反應式為 $^{293}_{118}\text{X} \rightarrow ^{4}_{2}\text{He} + ^{289}_{116}\text{Y}$

(C) Y→Z 之核反應式爲 $^{289}_{116}Y \rightarrow {}^{4}_{2}He + {}^{285}_{114}Z$

(D) 元素 Z 原子核之中子數爲 171

(E) 元素 Y 原子核之中子數爲 116

26. 宋朝時的學者沈括在他所著的《夢溪筆談》中，記載著一段話：「以磁石磨針鋒，則能指南，然常微偏東，不全南也。」關於這段話所提供的訊息，下列敘述何者錯誤？

(A) 地球磁極具有微小的偏角是因爲地磁有緩慢自轉的現象

(B) 中國人早就知道應用天然磁石製作成指南針，並藉它來辨別方向

(C) 指南針之所以能指向南方，是因爲地球表面有方向相當穩定的磁力線

(D) 「微偏東，不全南」指出地球磁極相對於地理南北極具有微小的偏角

(E) 根據地表的磁場可以想像地球爲一個磁極與地理南北極很接近的磁性球體

27. 下列關於圖 6 中變壓器各部分的敘述，何者正確？

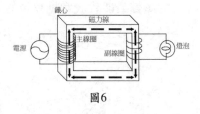

圖6

(A) 電源用於提供主線圈電流以產生磁場，可用交流電或直流電

(B) 主線圈是磁場的主要來源，相同電流時，匝數愈多，造成磁場愈強

(C) 磁場造成的磁力線，其方向固定不變，數目隨磁場強度而定

(D) 副線圈的匝數增加時，輸出的電壓值下降

(E) 用來纏繞線圈的鐵心，也可以用塑膠取代

28-29題為題組

在一個體積可調整的反應器中，於 27℃、1 大氣壓，注入 10 毫升的 A_2 氣體與 30 毫升的 B_2 氣體（A 與 B 為兩種原子）。假設恰好完全反應，產生甲氣體。

28. 已知甲的分子式與其實驗式相同，則下列哪一個是甲的分子式？
    (A) AB   (B) AB_2 (C) AB_3 (D) A_2B_3 (E) A_2B

29. 將所生成的甲氣體降溫至 27℃，並將體積調整為 10 毫升時，反應器中的壓力變為幾大氣壓？
    (A) 0.5   (B) 1.0   (C) 1.5   (D) 2.0   (E) 3.0

30. 雅婷到土耳其旅行，特別到木馬屠城記提到的特洛伊城戰爭遺址一遊，發現遺址外有座仿當時戰爭所用的木馬，且在木馬一側的地面上有磁磚砌成的馬影子輪廓（示意如圖 7，此圖未表示出實際方位）。經查證，夏至中午時木馬的影子會落在磁磚砌成的輪廓內。已知特洛伊城位於北緯 40.7 度，下列哪張示意圖中的虛線最能代表當地夏至的太陽軌跡？

圖7

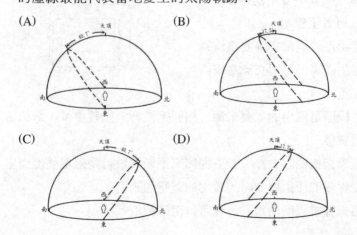

31-32題為題組

事先配好甲與乙兩杯溶液，如表 4。

表4

	酸或鹼	濃度	體積（mL）	指示劑
甲杯	HCl	0.1M	30	BTB
乙杯	NaOH	0.2M	20	PP

甲杯為 0.1M 的鹽酸溶液 30 毫升，滴有指示劑溴瑞香草酚藍（BTB），呈黃色。乙杯為 0.2M 的氫氧化鈉溶液 20 毫升，滴有指示劑酚酞（PP），呈粉紅色。指示劑的顏色變化如表 5。

表5

指示劑	酸型顏色	變色範圍（pH）	鹼型顏色	備註
BTB	黃	6.2～7.6	藍	中性為綠色
PP	無	8.2～10.0	粉紅	中性為無色

31. 若將乙杯的溶液邊攪拌邊慢慢地倒入甲杯中，則甲杯內溶液的顏色，會由黃色先變為 X 色，再多加一點乙杯的溶液，則變為藍色。

試問 X 是什麼顏色？

(A) 黃　　　　(B) 綠　　　　(C) 無

(D) 紫　　　　(E) 粉紅

32. 若將乙杯的溶液全部倒入甲杯，則溶液變為什麼顏色？

(A) 黃　　　　(B) 綠　　　　(C) 無

(D) 紫　　　　(E) 粉紅

二、多選題（佔 20 分）

說明：第 33 至 42 題爲多選題，每題均計分。每題的選項各自獨立，其中至少有一個選項是正確的，選出正確選項標示在答案卡之「選擇題答案區」。每題皆不倒扣，選項全部答對得 2 分，只錯一個選項可得 1 分，錯兩個或兩個以上選項不給分。

33. 由長金屬管管口靜止釋放一 N 極向下鉛直放置的磁棒，如圖 8。若金屬管之任一橫截面均可視爲一封閉的金屬線圈，此時磁棒正遠離 A 線圈而接近 B 線圈，則下列敘述，哪些正確？（應選 2 項）

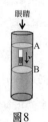

圖8

   (A) 磁棒於金屬管中下落較在管外下落慢
   (B) 磁棒於金屬管中的下落過程僅受重力
   (C) 由上向下看 A 線圈上之感應電流方向爲順時針方向
   (D) 由上向下看 B 線圈上之感應電流方向爲順時針方向
   (E) 磁棒與 A 線圈之磁力爲斥力，與 B 線圈之磁力爲引力

34. 某生進行動、植物細胞的觀察，部份觀察的過程及結果紀錄如下列，其中哪些正確？（應選 3 項）

   甲：洋蔥鱗葉表皮細胞用亞甲藍液染色，顯微鏡下可以觀察藍色的澱粉顆粒

   乙：新鮮的水蘊草葉片可以觀察到會移動的葉綠體顆粒

   丙：口腔黏膜細胞與青蛙表皮細胞各種形狀都有，包含圓形、扁平狀、多邊形、柱狀等

   丁：洋蔥鱗葉上下表皮沒有保衛細胞、也都沒有葉綠體

   戊：利用高張溶液觀察原生質萎縮，水蘊草葉細胞比動物細胞容易觀察

   (A) 甲　　(B) 乙　　(C) 丙　　(D) 丁　　(E) 戊

35. 下列與河流或湖泊優養化相關的敘述，哪些正確？（應選 2 項）

(A) 優養化的水域，藻類大量孳生

(B) 優養化的水域都是靜止不動的

(C) 優養化的水體，氮、磷的濃度偏高

(D) 優養化的水體，養分及氧氣濃度偏高

(E) 優養化的水體，有機物濃度較高生物多樣性也高

36. 圖 9 及圖 10 為代表電流（*I*）和時間（*t*）的關係圖。下列關於此二圖的敘述，兩者皆正確的是何者？（應選 2 項）

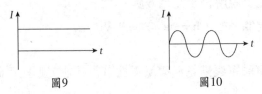

圖9　　　　　　　　　　圖10

選項	圖9	圖10
(A)	可由家用插座測得	可由碳鋅電池測得
(B)	電流來自電子移動	電流來自質子振動
(C)	電流方向保持不變	電流方向隨時間來回變換
(D)	直流電	交流電
(E)	使燈泡閃爍	使燈泡發亮

37. 水塘中有時滿水，有時無水。若水塘底有青蛙觀看岸邊路燈，而岸邊有人觀看水塘底之青蛙，則下列有關所見高度或深度的比較，哪些正確？（應選 2 項）

(A) 人看塘底青蛙的深度和青蛙看路燈的高度，兩者與塘中是否有水無關

(B) 塘底青蛙所見的路燈高度於滿水時較高，無水時較低

(C) 塘底青蛙所見的路燈高度於滿水時較低，無水時較高

(D) 人看塘底青蛙的深度，滿水時較淺，無水時較深

(E) 人看塘底青蛙的深度，滿水時較深，無水時較淺

38. 愛因斯坦在 26 歲時發表了三篇對現代物理產生深遠影響的論文。
    2005 年適逢論文發表 100 週年，聯合國特訂定 2005 年為世界物
    理年，以感懷愛因斯坦的創見及其對二十一世紀人類生活的影響，
    並在愛因斯坦逝世紀念日（4 月 18 日）當天發起物理年點燈活動，
    以紀念他的貢獻。下列哪些是愛因斯坦的重要貢獻？（應選 2 項）
    (A) 發現光的直進
    (B) 發現光的色散現象
    (C) 證明光是電磁波
    (D) 提出光子說解釋了光電效應
    (E) 提出質能互換（$E = mc^2$）的相關理論

39. 下列關於實驗室製備氮氣與氨氣性質的敘述，哪些正確？（應選
    3 項）
    (A) 加熱硝酸鈉與氯化鈣可得氮氣
    (B) 加熱時，試管要直立以利充分加熱
    (C) 所得氮氣可用排水集氣法收集於瓶中
    (D) 點燃的火柴，放入氮氣瓶中，火焰即熄滅
    (E) 點燃的鎂帶，放入氮氣瓶中，鎂帶繼續燃燒

40. 已知：$2H_{2(g)} + O_{2(g)} \rightarrow 2H_2O_{(g)}$，$\Delta H = -484$ kJ。下列有關此熱化
    學反應式的敘述，何者正確？（應選 3 項）
    (A) 生成 1 莫耳的 $H_2O_{(g)}$ 會放熱 242 kJ
    (B) 此反應的能量變化可使周遭的溫度上升
    (C) $2H_2O_{(g)}$ 所含的能量比（$2H_{2(g)} + O_{2(g)}$）所含的能量高出 484 kJ
    (D) 若此一反應的產物是 $H_2O_{(l)}$，則反應的能量變化大於 484 kJ
    (E) 使 1 莫耳 $H_{2(g)}$ 與 2 莫耳 $O_{2(g)}$ 的混合物反應，則能量的變化為
        484 kJ

41. 下列有關藥物的敘述，何者正確？（應選 3 項）

   (A) 碳酸氫鈉是消炎藥中的一種

   (B) 青黴素俗稱盤尼西林，是一種抗生素

   (C) 氫氧化鋁會和胃酸反應，有制酸作用

   (D) 磺胺類藥物是止瀉藥物中最普遍的一類

   (E) 阿司匹靈的學名是乙醯柳酸（又名乙醯水楊酸）

42. 下列有關能源的敘述，何者正確？（應選 3 項）

   (A) 煤、石油和天然氣都屬於化石燃料

   (B) 太陽能電池是利用光能產生電流，理論上不消耗物質

   (C) 核能是指核分裂或核融合時所產生的能量，並遵守質量不滅定律

   (D) 潮汐發電、波浪發電、洋流發電、海洋溫差發電等均屬於海洋能源

   (E) 氫氧燃料電池的發電原理與傳統的水力發電相同，兩者在其發電過程中均不污染環境

三、綜合題（佔 12 分）

說明：第 43 至 48 題，共 6 題，其中，單選題 4 題，多選題 2 題。每題均計分，每題 2 分。答錯不倒扣。多選題只錯一個選項可得 1 分，錯兩個或兩個以上不給分。

請閱讀下列短文後，回答第43-48題

    1977 年，海洋生態學家首次在靠近加拉巴哥群島附近的太平洋 2700 公尺深的海底發現深海熱泉（Hydrothermal vent），灼熱的岩漿從海底的裂谷和斷裂處不斷地向上噴湧，噴出的流質狀煙霧溫度高達 300℃ 以上，富含硫化物。海底熱泉形成於板塊活動頻繁的海底火山

附近,最容易出現這樣的熱泉區多靠近中洋脊或其他有海底火山活動的海域。在深海熱泉生態系中,生物以硫化氫爲主要的能量來源,硫化菌可以分解硫化氫,利用產生的能量生成有機物質,供深海生物所需,300℃ 至 450℃ 以上的噴出物遇冷,使含硫的細微顆粒迅速沉澱而形成黑霧狀。深海熱泉生物消費者大抵以管蟲類、甲殼類(如:鎧甲蝦、螃蟹)、貝類等爲主要組成份子,其中像是管蟲或固著性的貽貝,其體內並沒有消化道,但有與硫化菌共生的組織。

不過這樣的生態系統還有下列問題,通常一個熱液噴出口的存在時間約幾十年不等,當熱泉熄滅了之後,所有的生物就必須遷移,否則就會跟著死亡。深海中除了熱泉外,最佳的硫化氫來源就是沉在海底的動物屍體,有人相信一些大型鯨魚的屍體可以成爲熱泉生物尋找下一個熱泉的跳板。

43. 圖 11 爲板塊邊界、海底火山和規模大於 5 的地震分佈圖。粗線爲板塊邊界,細線爲海洋地殼等年線(指的是海洋地殼年齡的等值線),實心三角

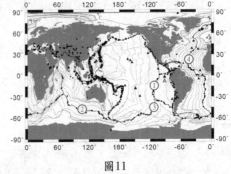

圖11

形表示海底火山,實心圓圈表示地震,①至④爲不同地點的中洋脊,A 點上方實心三角形爲加拉巴哥群島附近海底深海熱泉的位置。依據此圖,下列與中洋脊相關的敘述,何者正確?

(A) 中洋脊①擴張的平均速率大於中洋脊④擴張的平均速率

(B) 中洋脊擴張的平均速率在中洋脊兩側是相同的

(C) 在中洋脊發生的地震震源大都比南美洲內陸的地震震源深

(D) 海底火山及鄰近的熱泉系統皆發生在中洋脊的張裂帶

44. 圖 12 為科學家提出深海熱泉的水動力機制模式，甲至丁為水動力機制的說明。依據此模式的示意圖，下列敘述，何者錯誤？

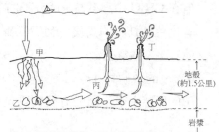

甲：冷海水經岩石隙縫，滲入中洋脊附近地殼內。
乙：位於中洋脊的石塊經下方岩漿加熱後，遇滲入的冷海水而破裂。
丙：滲入的冷海水經下方岩漿加熱後，經海底火山通道向上如熱泉般噴出。
丁：熱泉可以溶解破裂石塊中的礦物質，噴出時將之帶出，而成為生物的營養鹽。

圖12

(A) 深海熱泉易發生於海底火山鄰近區域

(B) 深海熱泉中富含的營養鹽主要來自溶解於海水中的生物殘骸

(C) 深海的冷水滲入中洋脊附近地殼內，經加熱後循火山通道噴出而形成深海熱泉

(D) 深海熱泉噴出富營養鹽的泉水，一遇到冷海水會迅速冷卻凝固出細微顆粒

45. 下列哪些是深海熱泉硫化菌的特徵？（應選 2 項）

(A) 細胞壁的成分是纖維素

(B) 與貽貝共生的硫化菌可扮演生產者的角色

(C) 硫化菌進行減數分裂時，必須先進行染色體複製

(D) 在生態系中，硫化菌與硝化菌所扮演的角色相同

(E) 細胞內進行酵素代謝反應的最適溫度和人類相同

46. 硫化菌所進行的反應是屬於氧化還原反應，假設其反應式如下：

$$8H_2S + xO_2 + 2CO_2 \rightarrow S_8 + 2CH_2O + yH_2O \ \text{...... (1)}$$

當一原子的氧化數上升，表示該原子失去或提供電子，若一原子的氧化數下降，表示該原子得到或接受電子。上式中 O 在 O_2 與 S 在 S_8 的氧化數均為 0，而 C 在 CO_2 中的氧化數為 +4，

但在 CH_2O 中爲 0，一個分子的氧化數總和爲 0。試問下列有關硫化菌所進行的反應，何者正確？

(A) H_2S 爲氧化劑　　　　　(B) CO_2 爲還原劑

(C) x 的數值爲 4　　　　　　(D) y 的數值爲 4

(E) 反應中所生成的有機物質是 CH_2O

47. 針對反應式 (1) 而言，下列哪一選項中的原子，其氧化數在反應前與反應後都相同？

(A) H　　(B) O　　(C) S　　(D) O、H　　(E) O、S

48. 下列有關深海熱泉生態系的敘述，哪些較合理？（應選 2 項）

(A) 濾食者爲最高階消費者

(B) 生物可以在原地永續生存

(C) 動物所需的氧氣來自於其他生態系

(D) 生產者構造簡單不含細胞膜

(E) 所有生物皆不含葉綠體也不含葉綠素

第貳部分（佔 32 分）

說明：第 49 至 68 題，共 20 題，其中，單選題 14 題，多選題 6 題，每題 2 分。答錯不倒扣。多選題只錯一個選項可得 1 分，錯兩個或兩個以上不給分。此部分得分超過 32 分以上，以滿分 32 分計。

請閱讀下列短文後，回答第 49-50 題

根據「內共生學說」，粒線體是被真核細胞吞噬的共生細菌，經過長期演化，變成細胞的胞器。正常情況下，人體的粒線體 DNA（mtDNA）是由母親遺傳給子代，稱爲母系遺傳。這是因爲精子的

粒線體集中在尾部，受精的那一刻被拋棄在受精卵之外，即使少量精子粒線體進入卵細胞，也會遭到破壞，因此，受精卵只從卵細胞獲取粒線體。mtDNA 大約每 40 代會產生一個新的鹼基突變，一個族群存在愈久，累積的變異愈多，mtDNA 就越複雜。現代非洲人有最複雜的 mtDNA，其次爲亞洲人，歐洲人的 mtDNA 多樣性爲非洲人的一半。分析 mtDNA 變異型可用來推測小族群遷徙的途徑。所有人類粒線體的共同祖先（粒線體夏娃）在 15 萬年前即出現在非洲衣索比亞，離開非洲後分成兩支，一支進入亞洲，另一支進入歐洲，其遷徙的路徑都可以藉由 mtDNA 的比對來推演。

49. 若不列計突變的可能性，小美（女性）親人中，哪些人的 mtDNA 會與小美相同？（應選 5 項）
    (A) 外公　　　(B) 外婆　　　(C) 爸爸　　　(D) 媽媽
    (E) 兄弟　　　(F) 姐妹　　　(G) 堂姊妹
    (H) 來自阿姨的表兄弟　　　(I) 來自姑姑的表姐妹

50. 根據上文，下列與 mtDNA 相關的敘述，哪些正確？（應選 2 項）
    (A) 現代非洲人比歐洲人更早出現
    (B) 精子的粒線體都不會進入受精卵
    (C) 所有人類的 mtDNA 與粒線體夏娃相同
    (D) mtDNA 累積的變異，現代歐洲人比亞洲人高
    (E) 比對 mtDNA 的變異，可以了解人類遷徙的途徑

51. 吃完午飯、午休後，小華很有力氣的將椅子搬到桌子上準備打掃。
    請判斷下列小華搬椅子時能量轉換的敘述，何者錯誤？
    (A) 小華搬椅子的動作是將食物內物質的化學能轉換成肌肉收縮的能量

(B) 小華搬椅子的動作是將肌肉收縮的能量轉換成椅子的位能

(C) 食物中物質的化學能都轉換成肌肉的能量

(D) 能量轉換過程中會有熱能的產生

52. 全面接種新流感疫苗不符合成本效益，且沒有足量的疫苗可供施打，所以衛生署規劃接種疫苗的優先對象為以下所列的 (1)～(7)，其接種的優先理由則有甲～丁四種。試問接種理由與優先對象之配對何者正確？

優先接種疫苗的理由	接種疫苗優先對象
甲：免疫力比一般人弱	(1) 收容所及組合屋災民
乙：接觸病原體的機會比一般人高	(2) 醫療及防疫相關人員
丙：團體生活易傳播病原體	(3) 孕婦
丁：生活環境的衛生較差	(4) 一到六歲學齡前兒童
	(5) 七歲以上重大傷病患者
	(6) 小學生
	(7) 中學生

(A) 甲：2, 5

(B) 乙：3, 4

(C) 丙：1, 6, 7

(D) 丁：1, 3, 4

53. 公園的鯉魚以垂直水面方式躍出，其質心距離水面最大高度約 20 公分。如果只考量重力的影響，則下列有關鯉魚躍出至落回水面的敘述，何者正確？（應選 2 項）

(A) 鯉魚質心自躍出到落回水面，一共約持續 0.4 秒

(B) 離水面愈高，鯉魚所受重力愈大

(C) 離水面愈高，鯉魚質心動能愈大

(D) 在最高點處，鯉魚質心速率最大

(E) 在最高點處，鯉魚質心速率為零

54. 圖 13 為複製牛（名為如意）
的複製過程，依此圖判斷，
下列敘述何者正確？

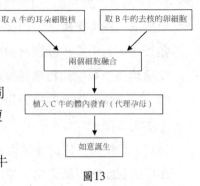
圖13

(A) 如意的表現型和 B 牛相同

(B) 如意的細胞染色體和 C 牛相同

(C) 人類試管嬰兒的操作過程和複製牛不同

(D) 可取 A 牛的精子細胞代替 B 牛的卵細胞

(E) 若 A 牛某一基因型為 Rr，B 牛該基因型亦為 Rr，則如意的基因型會有三種不同的可能性

55. 若設計一個能在嘉義的北迴歸線紀念碑附近觀星專用的立體星座儀，將天空中星星的位置呈現在立體星座儀的透明球體上，觀測者只要在立體星座儀內的適當位置，將星星在透明球體上的位置延伸到天空，即可以找到該星星。所以，下列關於立體星座儀的製作，哪些符合天文學的原理？（應選 4 項）

(A) 設計時刻環時，將透明球體的 180 度圓周區分為 24 個時區

(B) 假想觀測者位於透明球體的球心，觀測者頭頂延伸出去為天頂

(C) 透明球體上所標示赤道和黃道軌跡線的兩個交會點為冬至和夏至

(D) 依各個星星的天球座標資料，繪製於透明球體上來代表星星的位置

(E) 代表地軸的長棍貫穿透明球體的南北極，地軸約與地面夾23.5 度

(F) 觀測時先以指北針訂出觀測地點的約略方位，並將代表地軸的長棍指向北極星方向

56. 圖 14 為台北盆地的地形示意圖，台北盆地主要由鬆散的沉積物
   所組成，圖中黑線顯示西緣有一條山腳斷層通過，且山腳斷層是
   正斷層。若未來山腳斷層活動，而在台
   北盆地淺部發生芮氏地震規模 7 的大地
   震，則伴隨此地震的災害可能為何？

   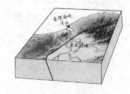
   圖14

   （應選 2 項）

   (A) 山腳斷層東側低窪地區淹水

   (B) 山腳斷層西側下陷，造成海水倒灌

   (C) 台北盆地因地層抬升使建築物傾倒

   (D) 台灣海峽產生海嘯，淡水漁人碼頭和台北盆地被摧毀

   (E) 台北盆地部分地區建築物因土壤液化而傾倒

57. 太陽能熱水器的主要構造如圖 15 所示，利用冷水注入框內彎管
   經陽光照射而使水加熱。若每分鐘從入水口流入的水量為 12.0
   公斤，水溫為 25.0℃。從出水口流出的水量為 12.0 公斤，水溫
   為 45.0℃。則此熱水器的功率約為何？

   (A) $1.0×10^6$ 瓦特

   (B) $4.5×10^5$ 瓦特

   (C) $1.7×10^4$ 瓦特

   (D) $1.0×10^6$ 焦耳

   (E) $1.7×10^4$ 焦耳

   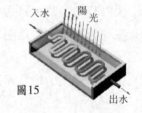
   圖15

58. 電影「阿凡達」的拍攝方式是在真人演員身上黏貼動作感測器，
   再將訊號傳輸到電腦中的虛構角色來模擬其動作。其實動畫電影
   或電玩遊戲中的角色動作也可利用運動方程式，再經電腦計算來
   模擬。現欲設計手臂、長髮辮子等部位來回的自然擺動，示意如

圖 16。下列方程式哪一項最符合自然擺動時，手臂角度 θ 隨時間 t 的變化？（α、β 皆是定值）

(A) $\theta = \dfrac{1}{2}\alpha t^2 + \beta$

(B) $\theta = \sqrt{\alpha t + \beta}$

(C) $\theta = \alpha \sin(\beta t)$

(D) $\theta = \alpha t + \beta$

圖 16

(E) $\theta = \alpha \log(\beta t)$

59. 大英博物館中收藏一只四世紀的羅馬酒杯，其獨特之處為：白天在光線照射下，酒杯的顏色是綠色的；晚上若燈光由內透射，則呈紅色。也就是說，它具有反射光與透射光為互補光的特徵。（兩道光為互補光的意義為此兩道光可合成為白色光。）分析這只酒杯的化學成分，發現和現代無色透明玻璃相近，主要成分均為二氧化矽。比較特別的是含有金、銀混合比例 3：7 的奈米顆粒，其粒徑約為 70 奈米。下列相關敘述，何者正確？

(A) 1 奈米等於 10^{-9}cm

(B) 玻璃日夜顏色不同是二氧化矽的主要特徵

(C) 金屬奈米顆粒對紅光和綠光的反射能力約相同

(D) 羅馬酒杯中的金屬奈米顆粒對綠光的反射能力高於對紅光的反射能力

(E) 羅馬酒杯中的金屬奈米顆粒對綠光的吸收能力高於對紅光的吸收能力

請閱讀下列短文後，回答第 60-61 題

　　921 大地震後，研究人員沿著車籠埔斷層開挖槽溝，藉由槽溝剖面的觀察研究，判識沉積岩層的上下層序關係，斷層帶的破裂型態，

再藉由探集碳物質，用碳 14 定年方法測定地層年代，以解讀古地震事件的發生次數及其再生週期。其中一個槽溝共發現四次古地震事件，分別為 400 年前、980 年前、1900 年前和 2400 年前。其四次古地震事件和所造成的滑移量如圖 17 所示。

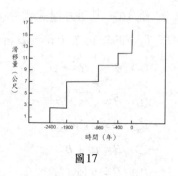

圖17

60. 車籠埔斷層的長期平均滑移速率最接近下列何值？
    (A) 1 mm/年　　　　　　　　(B) 5 mm/年
    (C) 15 mm/年　　　　　　　 (D) 25 mm/年

61. 每一次車籠埔斷層因滑移而產生地震，乃因作用在斷層面上的作用力超過斷層強度而造成斷層錯移。在兩次大地震之間，作用在斷層面上的作用力會持續累積，假設作用力會累積到一臨界值而造成大地震，而地震發生後會造成作用力降低，且作用力降低值會隨斷層錯移之不同而變化，作用力變化與古地震事件的關連，下列何者正確？

(A)
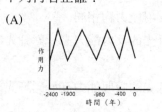

(B)
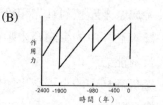

(C)
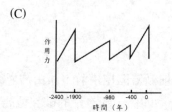

(D)
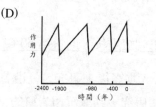

62. 福衛三號衛星系統的衛星繞行於距離地面約 800 公里高度的軌道上，假設衛星作等速率圓周運動，則下列有關此衛星繞地球運轉的敘述，哪些正確？（應選 2 項）

    (A) 萬有引力作為衛星繞地球運轉所需的向心力

    (B) 衛星的加速度沿其軌道切線方向，並與其切線速度同向

    (C) 衛星的加速度沿其軌道切線方向，並與其切線速度反向

    (D) 衛星的加速度方向和衛星與地心之連線方向平行，且為指向地心方向

    (E) 衛星的加速度方向和衛星與地心之連線方向平行，且為指離地心方向

63. 硝酸銅受熱分解，可用下列反應式表示：

    $$2Cu(NO_3)_{2(s)} \xrightarrow{\Delta} 2CuO_{(s)} + nX_{(g)} + O_{2(g)}$$

    式中 n 為係數。試推出 X 是什麼化合物？

    (A) NO　　(B) NO_2　　(C) N_2O　　(D) N_2O_3　　(E) N_2O_5

64. 下列哪個化合物是芳香烴（苯的衍生物）？

    (A) $C_7H_7Cl_3$　(B) $C_8H_6Br_4$　(C) $C_8H_6F_6$　(D) $C_9H_9Cl_5$　(E) $C_9H_7F_9$

請閱讀下列短文後，回答第 65-66 題

　　價電子為原子中位在最外層的電子，美國化學家路易斯提出八隅體法則，他認為第二週期元素所形成的分子，其中每個組成原子周圍環繞的電子數會傾向和氖原子的價電子數一樣，共八個電子。這些環繞的電子，有的會形成化學鍵，稱為鍵結電子對；有的僅依附在該原子周遭，稱為未鍵結電子對或孤對電子，每一鍵結電子對與未鍵結電子對皆由兩個電子組成，故第二週期元素所形成的分子，其組成原子的周圍皆會有 4 對電子對。兩個原子間可能具有一對、二對或三對鍵結電子對，分別稱為單鍵、雙鍵或參鍵。

65. 臭氧分子（O_3）內共有幾個價電子？

    (A) 16   (B) 18   (C) 20   (D) 22   (E) 24

66. 臭氧分子（O_3）內共有幾對鍵結電子對？

    (A) 1   (B) 2   (C) 3   (D) 4   (E) 5

67. 老師在上了「物質的形成」單元後，針對構成物質的微粒（原子、分子、離子），要求甲、乙、丙、丁四位學生討論有關「微粒」的問題。四位學生的主要論點簡記如下：

    甲說：如果兩種微粒均由同一種元素所構成，則這兩種微粒所含的總質子數一定相同。

    乙說：如果兩種微粒所含的總質子數相同，則這兩種微粒都屬於同一種元素。

    丙說：各種微粒所含的總質子數一定與其總電子數相同。

    丁說：因為所討論的微粒是指原子、分子或離子，因此甲、乙、丙三人的論點都不正確。

    試判斷四位學生的論點，何者正確？

    (A) 甲   (B) 乙   (C) 丙   (D) 丁   (E) 甲乙丙

68. 圖 18 為某地 1972-1981 年間所觀測到大氣中的 CO_2 濃度變化，該地的季節區分為：春季為 2-4 月，夏季為 5-7 月，秋季為 8-10 月，冬季為 11、12月和隔年 1 月。

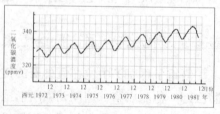

圖18

    下列關於該地大氣中的 CO_2 濃度變化的敘述，何者正確？

    (A) 每年冬季 CO_2 濃度有增加的趨勢

    (B) 每年春季 CO_2 濃度有降低的趨勢

    (C) 每年 12 月所測得的 CO_2 濃度最低

    (D) 每年 CO_2 濃度的變化趨勢無固定的規律

99年度學科能力測驗自然科試題詳解

第壹部分

一、單選題

1. **B**

【解析】　生命現象 (A) 運動　(C) 生殖　(D) 新陳代謝　(E) 生長
　　　　　(B) 訊息的溝通可以物理、化學的方式，並不一定用生
　　　　　命現象

2. **B**

【解析】　(A) 見圖每季不同
　　　　　(B) 見圖
　　　　　(C) 見圖為春季最高
　　　　　(D) 見圖為夏、秋二季果實、種子最多

3. **B**

【解析】　(A)(B)形成草原生態系為多種因素造成，雨量只是其中
　　　　　　之一，尚有風、溫度等也會影響草原生態系形成
　　　　　(C) 草原生態系多為一年生或多年生的草本植物
　　　　　(D) 台灣有高山草原、平地草原等

4. **D**

【解析】　分生組織的特性　①核的比例大，②原生質較濃厚，
　　　　　③液泡較小，④形狀正方形，⑤不斷的分裂
　　　　　PS：因核的比例大，故<u>核質比值</u>最大

<u>5-7 題為題組</u>

5. **B**

【解析】 (乙)牛樟芝為真菌門中的蕈菌，故有菌絲；(丁)牛樟芝為真菌，故有幾丁質細胞壁

6. **C**

【解析】 牛樟芝生活於腐爛的死木材（心材），故為腐生，非寄生

7. **B**

【解析】 (A)(C)(D) 為互利共生

8. **D**

【解析】 每天的潮汐延後 50 分鐘發生，7 日後共延遲
$50 * 7 = 350$ 分鐘（約 6 小時），因此 7 日後的低潮時間點出現在下午四點左右

9. **A**

【解析】 丙——蘇鐵、百合，無形成層，丁——水筆仔、百合，皆會開花

10. **C**

【解析】 台灣平均每年侵蝕的體積 $\overline{V}$ = 台灣面積 × 平均侵蝕率

$$\Rightarrow \overline{V} = 36000(km^2) \times 0.4(cm/年)$$

$$= 36000 \times (10^5)^2 \times 0.4(cm^3/年)$$

$$\Rightarrow \overline{V} = 14400 \times 10^{10} = 1.44 \times 10^{14}(cm^3/年)$$

$$平均密度 \ \overline{D} = \frac{質量(m)}{平均體積(\overline{V})}$$

$$\Rightarrow m = \overline{D} \times \overline{V} = 2.7 \left(\frac{g}{cm^3}\right) \times 1.44 \times 10^{14} \left(\frac{cm}{年}\right)$$

$$\Rightarrow m = 3.888 \times 10^{14} \left(\frac{g}{年}\right)$$

又 1 公噸 = 1000 公斤(kg) = 1000000 公克(g)

$$\therefore \ m = 3.888 \times 10^8 \left(\frac{公噸}{年}\right) = 388.8 \left(\frac{百萬公噸}{年}\right)$$

11. **D**

【解析】 等加速度運動 $v = v_0 + at$　$\Rightarrow 10 = 0 + 5a$　$\Rightarrow a = 2(m/s^2)$

合力 $\Sigma F = ma$ = 驅動力 F – 阻力 f

$\Rightarrow F - f = ma$　$\Rightarrow 4 \times 10^4 - f = 10^4 \times 2$

$\Rightarrow$ 阻力 $f = 2 \times 10^4$（牛頓）

12. **D**

【解析】 視星等是指直接觀測的星星亮度。絕對星等是恆星位
於 32.6 光年外的亮度。

距離觀測者越近則星星亮度越大（星等數值越小）

若視星等（數值）> 絕對星等（數值），則代表該恆星
的距離大於 32.6 光年

13. **C**

【解析】 形成露水的原因是因為清晨溫度降低，使水氣達到飽
和產生凝結現象。

因此選擇降溫，水氣壓不變的情況

14. **B**

【解析】 空氣上升時,壓力下降,導致空氣團體積膨脹溫度降低,達到飽和凝結。

因此上升氣流都有可能導致水汽凝結

15. **D**

【解析】 依據表(三)可得知

16. **D**

【解析】 液體壓力 $P = \rho g h$ ∴ $\Delta P = \rho g \Delta h$

$\Rightarrow \Delta P = 1000 \times 10 \times 0.41 = 4100(N/m^2)$

$\Rightarrow \Delta P = \dfrac{4100}{100000} \times 760 \ (mm\text{-}Hg) = 31.16 \ (mm\text{-}Hg)$

又因為手臂上舉,距離心臟較高

∴ 血壓下降,故變化量為下降 30 公釐水銀柱

17. **B**

【解析】 樹蔭的日食方向會與日食的實際方向上下左右顛倒

18. **D**

【解析】 日食是指月亮將陽光遮住,所以此時的月相為朔

19. **D**

【解析】 過氧化物中氧的氧化數為 $-1 \Rightarrow H_2O_2$ 符合

20. **C**

【解析】 熱平衡,由 $\Delta H = ms\Delta T$ ⇒ 吸熱 = 放熱

∵ 放熱 $H_{放} = 100 \times 1 \times (100 - 0) = 10000(cal)$

$$\therefore H_{吸} = H_{放} = 10000 = m \times 80$$

$$\Rightarrow m = \frac{10000}{80} = 125(g)，代表冰未熔化 125g，$$

故剩下 $150 - 125 = 25(g)$ 冰未熔化

21. **C**

【解析】 颱風越接近陸地降雨越大。丙處引進西南氣流，增強雨勢

22. **D**

【解析】 6秒拍手 20 次，即頻率 $f_1 = \frac{20}{6} = \frac{10}{3}$ (Hz)；

而回音之頻率 $f_2 = \frac{340}{2d}$ (Hz)

當兩者同步代表頻率相同

$$\Rightarrow f_1 = f_2 \Rightarrow \frac{10}{3} = \frac{340}{2d} \Rightarrow d = 51(m)$$

23. **D**

【解析】 沙灘中所含物質不只一種，故隨意抓取一把即為混合物

24. **D**

【解析】 由箭頭方向可知，北段斷層箭頭方向水平段層面，為平移斷層

25. **E**

【解析】 元素 Y 之中子數 $N = 289 - 116 = 173$

26. **A**

【解析】 地球磁極具有微小的偏角是因為地磁磁極點與地理極
　　　　　點不完全重合

　　　　　【註】: 地磁有三要素：①磁偏角　②磁傾角
　　　　　　　　　　③水平強度

27. **B**

【解析】 (A) 變壓器的電源只能用交流電

　　　　　(B) 匝數愈多，磁場愈強

　　　　　(C) 磁場造成的磁力線，方向一直變化

　　　　　(D) 輸出電壓正比於匝數

　　　　　∴ 匝數增加，輸出電壓值上升

　　　　　(E) 鐵心只可用順磁性物質取代，不可用塑膠（絕緣體）
　　　　　　　取代

28-29 題為題組

28. **C**

【解析】 $10A_2 + 30B_2 \longrightarrow$ 甲

　　　　　則原子數比 $\Rightarrow A : B = 10 \times 2 : 30 \times 2 = 1 : 3$，

　　　　　故甲為 AB_3

29. **D**

【解析】 反應式為 $10A_2 + 30B_2 \longrightarrow 20AB_3$，

　　　　　則可生成 AB_3 20 mL

　　　　　在定 T 定 n 下，PV 成定值（波以耳定律）

　　　　　$P_1V_1 = P_2V_2 \Rightarrow 1 \times 20 = P \times 10 \Rightarrow P = 2\text{atm}$

30. **B**

　　【解析】　太陽運行的軌跡平面會與地球自轉軸垂直，而夏天陽
　　　　　　　光直射北半球，北緯 23.5 度，因此從東偏北 23.5 度升
　　　　　　　起西偏北 23.5 度落下

31-32 題為題組

31. **B**

　　【解析】　當溶液呈藍色時，pH 可能在 7.6～8.2 之間
　　　　　　　故當 pH＜7.6 時，BTB 可能呈綠色而 PP 呈無色
　　　　　　　混合後溶液為綠色

32. **D**

　　【解析】　$[OH^-] = \dfrac{0.2 \times 20 - 0.1 \times 30}{20 + 30} = 0.02M$

　　　　　　　pOH≒1.7 ⇒ pH≒12.3，故 BTB 呈藍色，PP 呈粉紅色
　　　　　　　混合後溶液呈紫色

二、多選題

33. **AC**

　　【解析】　(A)(B) 下落過程除了受到重力向下，還有磁力向上
　　　　　　　　∴ 磁棒於金屬管中下落較在管外下落慢
　　　　　　　(C) 對於 A 線圈，向下的磁場減少
　　　　　　　　∴ 由冷次定律得知，A 線圈會感應出順時針方向
　　　　　　　　　的電流
　　　　　　　(D) 對於 B 線圈，向下的磁場增加
　　　　　　　　∴ 由冷次定律得知，B 線圈會感應出逆時針方向
　　　　　　　　　的電流
　　　　　　　(E) 磁棒與 A 線圈之磁力為引力，與 B 線圈之磁力為斥力

34. **BDE**

【解析】 (甲) 澱粉顆粒以碘液染色

(丙) 口腔黏膜──形狀不規則、扁平，青蛙表皮──
多邊形、扁平

35. **AC**

【解析】 (B) 優養化的水域可表現在靜止水域或流動水域的流速
較慢（如牛　彎曲）或表層水流速較慢的區域

(D) 優養化的水體氧氣濃度偏低

(E) 優養化的水體生物多樣性低，但個體數多

36. **CD**

【解析】 圖9：可由碳鋅電池測得，電流方向保持不變，直流電
圖10：可由家用插座測得，電流方向隨時間來回變換，
交流電

37. **BD**

【解析】 (B)(C) 光線從空氣進入到水中會偏向法線
∴ 塘底青蛙所見的路燈高度於滿水
時較高，無水時較低

(D)(E) 光線從水中進入到空氣會偏離法線
∴ 人看塘底青蛙的深度，滿水時較
淺，無水時較深

38. **DE**

【解析】 (C) 1864 年馬克士威深信電磁波的存在並認為光就是電
磁波，電磁波本身就是光，是一種橫波

39. **CDE**

【解析】 $NaNO_2 + NH4Cl \xrightarrow{\Delta} N2(g) + 2H_2O + NaCl$

(A) 為亞硝酸鈉與氯化銨加熱反應可生成 N_2

(B) 此反應會生成 H_2O，為避免水冷凝回流使試管因受熱不均而破裂，故試管口應略微朝下

40. **ABD**

【解析】 (C) $\Delta H < 0$ 表示為放熱反應 $\Rightarrow$ 反應物之焓較生成物高

$\Rightarrow 2H_{2(g)} + O_{2(g)}$ 之能量較 $2H_2O_{(g)}$ 高 484kJ

(D) 因 $H_2O_{(\ell)}$ 之焓較 $H_2O_{(g)}$ 低，故反應可放出更多熱

(E) $2H_{2(g)} \quad + \quad O_{2(g)} \longrightarrow 2H_2O_{(g)} \qquad \Delta H = -484kJ$

 1(限量) 2

-1	-0.5	$+1$
0	1.5	1

$\Rightarrow \Delta H = = -484 \times \dfrac{1}{2} = -242kJ$

41. **BCE**

【解析】 (A) 碳酸氫鈉（$NaHCO_3$）為速效型的制酸劑

(D) 磺胺類藥物為消炎劑

42. **ABD**

【解析】 (C) 核反應遵守質能守恆，不是質量守恆

(E) 氫氧燃料是化學反應之電池；水力發電是電磁感應，為物理變化。兩者不同

三、綜合題

43. **A**

【解析】 (A) 由等年線可知 1 的擴張速度大於 4

(B) 中洋脊的擴張速度在 2 側的平均速度應該大致上相等

(C) 中洋脊附近多為淺源地震

(D) 由圖可知明顯錯誤

44. **B**

【解析】 營養鹽主要來自於溶解岩石中的礦物質

45. **BD**

【解析】 (A) 硫化菌的細胞壁為肽聚醣

(C) 硫化菌為細菌，故不行減數分裂

(E) 深海溫度較低，故和人類不同

46. **E**

【解析】 (C) (D) $8H_2S + xO_2 + 2CO_2 \longrightarrow S_8 + 2CH_2O + yH_2O$

H 原子不滅　　$16 = 4 + 2y$　　$\therefore y = 6$

O 原子不滅　　$2x + 4 = 2 + 6$　　$\therefore x = 2$

(A) H_2S 中 S 的氧化數：$-2 \to 0$（氧化），

故 H_2S 為還原劑

(B) CO_2 中的 S 氧化數：$+4 \to 0$（還原），

故 CO_2 為氧化劑

47. **A**

【解析】 H 的氧化數皆為 +1；S 的氧化數有 -2，0

O 的氧化數有 -2，0；C 的氧化數有 +4，0

48. **CE**

【解析】 (A) 高階消費者多為掠食性

(B) 深海的生產者數量不多，故原種生物的永續性不強

(D) 任何細胞級（含原核、真核）的生物皆含細胞膜

第貳部分

49. **BDEFH**

【解析】 (A) (C) 男性不遺傳粒線體 DNA 給子女

(G) 堂姊妹為爸爸兄弟的子女，故不遺傳粒線體 DNA

（其粒線體 DNA 皆來自母系）

50. **AE**

【解析】 (B) 精子的粒線體可能少數進入受精卵，但都會被破壞

(C) 自夏娃至今粒線體 DNA 皆會發生突變而變異

(D) 見文章倒數第四行

51. **C**

【解析】 (1) 食物中物質的化學能轉換成肌肉的彈性能與熱能

(2) 食物中物質的化學能先轉移至 ATP，再利用 ATP 的
能使肌肉收縮。在其轉變的過程中皆有熱能散失

52. **C**

【解析】 甲——(3)(4)(5)，乙——(2)，丁——(1)

53. **AE**

【解析】 (A) 此為等加速度運動

v-t 圖曲線下面積為位移 $\Delta x = \dfrac{1}{2}gt^2$

$$\Rightarrow 0.2 = \frac{1}{2} \times 10 \times t^2$$

$$\Rightarrow t^2 = 0.04 \Rightarrow t = 0.2(秒)$$

∴ 鯉魚質心自躍出水面到落回，

一共約持續 $0.2 \times 2 = 0.4$ 秒

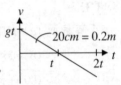

(B) 重力為定值

(C) 只考慮重力影響

  ∴ 只有重力作功，力學能守恆

  動能 + 位能 = 定值，故離水面愈高，位能愈大

  鯉魚質心動能愈小

(D) (E) 在最高點處，鯉魚質心速率最小為零

54. **C**

【解析】 (A) (B) 如意的表現型來自它的基因 A 牛

   (D) 精子不具細胞質，故不可取代卵細胞

   (E) 如意的基因型來自它的基因 A 牛

55. **BDEF**

【解析】 (A) 錯誤在於 360 度分為 24 時區

   (C) 錯誤在於黃道赤道的 2 個交點分別為春分及秋分

56. **AE**

【解析】 由於正斷層，所以斷層西側抬升，東側下沉

57. **C**

【解析】 功率$(P) = \dfrac{能量(H)}{時間(t)}$，又 $H = ms\Delta T$

$$\therefore P = \frac{H}{t} = \frac{ms\Delta T}{t} = \frac{12000 \times 1 \times (45-25)}{60} = \frac{240000}{60}(cal/s)$$

$$\Rightarrow P = \frac{240000 \times 4.2}{60} = \frac{1008000}{60}(J/s) = 16800(W)$$

$$\fallingdotseq 1.7 \times 10^4 (W)$$

58. **C**

【解析】 此為小角度單擺運動，手臂角度 θ 隨時間 t 變化應為
週期函數

∴ 應選 $\theta = \alpha \sin(\beta t)$

59. **D**

【解析】 (A) 1 奈米等於 $10^{-9}m$

(B) 玻璃日夜顏色不同是含有金、銀混合比例 3：7 的奈
米顆粒

(C) (E) 金屬奈米顆粒對綠光的反射能力高於對紅光的反
射能力

金屬奈米顆粒對紅光的吸收能力高於對綠光的吸收
能力

60. **B**

【解析】 15(m) ÷ 24000(年) = 6.25(mm/年)

61. **B**

【解析】 板塊累積的作用力會在地震發生時釋放，因此 4 次地
震的時間點，作用力會下降。作用力下降的幅度與錯
動滑移量呈正比，故選 (B)

62. **AD**

【解析】(B)(C)(E) 衛星的加速度方向和衛星與地心之連線方向平行，且為指向地心方向

63. **B**

【解析】$2Cu(NO_3)_{2(s)} \xrightarrow{\Delta} 2CuO_{(s)} + nN_xO_y + O_{2(g)}$

N 原子不滅 $\Rightarrow 4 = nx$

O 原子不滅 $\Rightarrow 12 = 2 + ny + 2$

$\therefore ny = 8$

$\Rightarrow nx : ny = 4 : 8 = 1 : 2 = x : y \Rightarrow N_xO_y = NO_2$

64. **B**

【解析】含有苯，代表其不飽和度（πBN 或 DBN）≥ 4，

且所含 C 數 ≥ 6

(A) $\pi BN = \dfrac{2 \times 7 + 2 - 7 - 3}{2} = 3 < 4$

(B) $\pi BN = \dfrac{2 \times 8 + 2 - 6 - 4}{2} = 4$

(C) $\pi BN = \dfrac{2 \times 8 + 2 - 6 - 6}{2} = 3 < 4$

(D) $\pi BN = \dfrac{2 \times 9 + 2 - 9 - 5}{2} = 3 < 4$

(E) $\pi BN = \dfrac{2 \times 9 + 2 - 7 - 9}{2} = 2 < 4$

65. **B**

【解析】O 為 6A 族（第 16 族）周圍具有 6 個價電子

而 O_3 中含有 3 個 O $\Rightarrow$ 總價電子數 $= 6 \times 3 = 18$

66. **C**

【解析】 O_3 之路易斯結構　　具有 3 對鍵結電子對

及 6 對未鍵結電子對

67. **D**

【解析】 甲：不一定，例如 O_2 及 O_3 皆由同一種元素構成，但

所含個數不等，則總質子數不一定相等

乙：當所含質子數相等時，不一定為相同元素組成

（ N_2 及 CO ）

丙：因微粒概念中包含離子（帶有電荷），故總質子數

和總電子數不相等

68. **A**

【解析】 由圖型明顯可知 11-1 月之間的二氧化碳濃度最低

九十九年大學入學學科能力測驗試題
國文考科

第壹部分：選擇題（佔 54 分）

一、單選題（佔 30 分）

說明：第 1 題至第 15 題，每題選出一個最適當的選項，標示在答案
卡之「選擇題答案區」。每題答對得 2 分，答錯不倒扣。

1. 下列各組「」內的字，讀音相同的選項是：
   (A) 堂「廡」之上／言之「憮」然
   (B) 「胯」下之辱／「刳」木爲舟
   (C) 政治「庇」護／夫妻「仳」離
   (D) 「倭」寇入侵／江水「逶」迤

2. 下列文句，**沒有**錯別字的選項是：
   (A) 學問貴在實用，因此，知識理論和實務經驗兩者應該要相輔
       相乘，不可偏廢
   (B) 由於家當全被土石流掩埋，又沒有受到良好照顧，災民餐風
       宿露，苦不堪言
   (C) 這本書的內容兼容並敘，又能在寫實之外，留有如幻似眞的
       餘韻，誠屬難得
   (D) 本屆牛肉麵大胃王比賽，在高額獎金的誘惑之下，大家驅之
       若鶩，爭相報名

3. 閱讀下列甲、乙、丙三詩，並推斷每一首詩所吟詠的對象依序
   應是：
   甲、秋天，最容易受傷的記憶／霜齒一咬／噢，那樣輕輕／就咬
   出一掌血來

乙、我不算博學／但我很多聞／從開始就聽／唇槍舌劍／竊竊私
　　語／口沫橫飛／滔滔不絕

丙、夜夜，在夢的邊緣飛行／在耳朵的銀行存入／比金幣、銀幣
　　還響亮的／聲音

(A) 楓葉／電話／蚊子　　　　　　(B) 蚊子／電話／風鈴

(C) 楓葉／電視／蚊子　　　　　　(D) 蚊子／電視／風鈴

4. 古人常藉「水」的意象比喻人生道理。下列文句，藉由「水」的
　 意象比喻「天下之事，常發於至微，而終為大患」的選項是：

(A) 壞崖破巖之水，源自涓涓

(B) 抽刀斷水水更流，舉杯銷愁愁更愁

(C) 觀於海者難為水，遊於聖人之門者難為言

(D) 日與水居，則十五而得其道；生不識水，則雖壯，見舟而畏之

5. 「飛魚季」、「天才夢」兩個詞，是由「飛魚＋季」、「天才＋
　 夢」所構成，「飛魚」對「季」、「天才」對「夢」都具有限制
　 和界定作用。下列選項中，兩者皆屬於上述構詞方式的是：

(A) 錯誤；下棋　　　　　　　　(B) 種地瓜；談友誼

(C) 問候天空；再別康橋　　　　(D) 荷塘月色；蕃薯地圖

6. 閱讀下文，選出□□□□內依序最適合填入的成語：

　　　在光天化日、□□□□之下，歹徒竟公然持刀搶劫銀行，行
　　員們一時都嚇得手足無措。這時警騎及時趕到，只見刑警□□□
　　□，閃過歹徒的襲擊，將他制伏在地，令所有在場民眾□□□□。

(A) 千夫所指／有板有眼／大謬不然

(B) 千夫所指／眼明手快／人心大快

(C) 眾目睽睽／有板有眼／大謬不然

(D) 眾目睽睽／眼明手快／人心大快

7. 下列是一段古文，請依文意選出排列順序最恰當的選項：

是故國有賢良之士眾，

甲、<u>則國家之治薄，</u>　　　乙、<u>賢良之士寡，</u>

丙、<u>故大人之務，</u>　　　　丁、<u>則國家之治厚，</u>

將在於眾賢而已。（《墨子‧尚賢》）

(A) 甲乙丁丙　　　　　　　(B) 甲丙乙丁

(C) 丁乙甲丙　　　　　　　(D) 丁丙乙甲

8. 請依下列各組人物的關係，選出正確的書信「提稱語」的用法：

(A) 蘇軾寫信給蘇洵，可使用「左右」

(B) 李白寫信給杜甫，可使用「大鑒」

(C) 曾鞏寫信給歐陽脩，可使用「知悉」

(D) 左光斗寫信給史可法，可使用「鈞鑒」

9. 閱讀下文，選出敘述正確的選項：

　　《宣和遺事》一書把許多零散的水滸故事編綴起來，成為《水滸傳》的雛形。所謂水滸故事，大致有兩個主要的內容，一是行俠仗義，濟困扶危的故事；二是上山落草，反抗政府的故事。這些故事並非產生於同一時間，而是宋代、元代、明代都有。說書人把這些故事都編織到北宋（徽宗）宣和年間去，所以北宋的史書上就查不到有關史料。（改寫自史式《我是宋朝人》）

(A) 水滸故事可彌補北宋史書中缺少的史料

(B) 《宣和遺事》是以《水滸傳》為底本綴輯成書

(C) 《水滸傳》的素材是由不同時代的說書人匯集而成

(D) 《宣和遺事》記錄北宋至明代許多俠義人物反抗政府的史事

10-11為題組

閱讀下列短文，回答10-11題。

　　自東漢以來，道喪文弊，異端並起，歷唐貞觀、開元之盛，輔以房（玄齡）、杜（如晦）、姚（崇）、宋（璟）而不能救。獨韓文公起布衣，談笑而麾之，<u>天下靡然從公</u>，復歸於正，蓋三百年於此矣。文起八代之衰，道濟天下之溺。忠犯人主之怒，而勇奪三軍之帥。此豈非參天地，關盛衰，浩然而獨存者乎？（蘇軾〈潮州韓文公廟碑〉）

10. 下列文句「靡」的意義，與上文「天下靡然從公」的「靡」意義相近的選項是：
  (A) 「靡」衣玉食以館於上者，何可勝數
  (B) 眾人皆以奢「靡」為榮，吾心獨以儉素為美
  (C) 起自隋代，終於割讓，縱橫上下，鉅細「靡」遺
  (D) 於是張、孔之勢，薰灼四方，大臣執政，亦從風而「靡」

11. 下列關於本文的解說，正確的選項是：
  (A) 蘇軾贊揚韓愈「文起八代之衰，道濟天下之溺」，句中的「文」是指駢文，「道」是指道家學說
  (B) 蘇軾以「道」、「文」總括韓愈的文學成就，以「忠」、「勇」表彰韓愈文武雙全的從政勳業
  (C) 文中兩用「獨」字，既凸顯韓愈早年孤獨無依的身世，也感慨韓愈在古文運動中孤立無援的處境
  (D) 在蘇軾看來，儒道的發揚與古文的提倡，對國家均有深遠的影響，韓愈的貢獻是「道」與「文」兩者兼具

<u>12-13為題組</u>

閱讀下列短文,回答12-13題。

　　許多作家我們都先讀他的作品,再讀他的小傳,梭羅對《湖
濱散記》那種雋永,抒情的優美文體給我極深的印象,從觀察自
然的細微抒發為文,他居住在華爾騰湖畔小屋中,過著耕讀的生
活,小木屋是他自己造的,用泥粉塗抹室內,還造了壁爐以備嚴
冬時取暖,他種地出售自己收成的豆子、玉米、蕃茄,維持最基
本的物質生活,以達成追求精神生活的願望,梭羅極反對人為物
質金錢所桎梏。

　　羅馬詩人荷瑞斯表示他最後所希望的生活是有足夠的書籍與
食物以維持自己不陷入精神與物質的貧乏。人不能為金錢所腐化,
成為物質的奴役,但像文學天才愛倫坡、夏特頓連溫飽都沒有,
尤其是少年天才夏特頓不幸在貧病中自殺,如果天假以年,以他
十七歲就能寫出最嚴謹的《仿古詩》的才華,必能將文學這片園
地耕耘成繁花之園,貧病為天才敲起喪鐘,當人們追悼這位早逝
的天才,輓歌的聲調中含有無比的惋惜。

　　美國當年在新大陸開創天地,脫離君主政治的約束,並不意
味絕對的自由,如果人面對生活絕境經濟上燃眉之急,一家人沒
有溫飽,那是另一種生的桎梏,談不上尊嚴自由。英國詩人華茲
華斯得享天年,創作源源不斷,逍遙湖上,靠友人的贈款與政府
印花稅的收入得以維持生活的尊嚴,終於被戴上英國詩人的桂冠,
在夏特頓與華茲華斯之間,後者更令人羨慕。

　　莎士比亞說:「富有昇平餵養懦夫,堅苦是意志之母」。但
生為現代人既不能渾渾噩噩,淪為物質的奴僕,也不能為了理想

不顧生計，如何選擇一個精神與物質都不貧乏的局面，不錦衣玉食，能有棲身之所，維持生計，進一步追求精神的富足，這樣的社會才能達到安居樂業的尺度。（呂大明〈精神與物質〉）

12. 依據上文，符合作者觀點的選項是：
    (A) 強調有志於道而不恥惡衣惡食，才是真自由
    (B) 認同梭羅、華茲華斯之先得溫飽再從事創作
    (C) 對荷瑞斯的看法、莎士比亞的名言均不以為然
    (D) 推崇愛倫坡、夏特頓於貧困中不改其樂的精神

13. 下列敘述，最能總括全文意旨的選項是：
    (A) 貧困可以淬鍊人的意志，進而充實作品的內涵
    (B) 安穩的物質生活與富足的精神生活，應兼顧並重
    (C) 寧可物質生活匱乏，也不能放棄精神生活的追求
    (D) 生計問題容易解決，改善精神生活則有賴長期努力

<u>14-15為題組</u>

閱讀下列短文，回答14-15題。

　　以提洛為首的腓尼基人的城市，一直飽受亞述帝國的威脅。但因擁有充沛的財物，腓尼基城市才得於亞述人的屢次席捲後倖存。自此，腓尼基人專注於交易買賣，他們的目標不是危機四伏的內陸，而是地中海，他們的貿易據點一個一個出現在地中海沿岸。西元前814年，提洛的公主伊莉莎逃到北非建立迦太基王國，想必是認為：與其戰戰兢兢地留在危險區域，不如到一個不受侵擾的地方繼續經營。畢竟對一個商業國家來說，能安心從事商業的環境才是最重要的。

　　希臘人與迦太基人一樣很會做生意，但狹窄的希臘無法容納因生活富裕而大增的人口，於是便展開殖民活動。地中海東邊，有強大的亞述帝國擋道，只好轉向與義大利半島相鄰的西西里島。但在西元前七世紀希臘進出西西里島東部之前，迦太基早已把該島西部視爲重要的貿易基地了。這兩個民族在此鷸蚌相爭，日後引來羅馬這個漁翁。

　　希臘人在島的東邊不斷擴增殖民城市，他們一旦落腳，除了做生意之外，也蓋神殿、劇場、競技場等，將希臘文化根植在那裡。迦太基人在島的西邊也有幾處地盤，但迦太基人不建設城市，因爲他們厭煩佔領之後的瑣碎雜事，這些城市只是得到財富的據點，只要有進出船隻的港口、修理船隻的船塢、堆放商品的倉庫就夠了。因此希臘人不但認爲迦太基人的城市無聊透頂，甚至形容他們是「爲了搬運燒洗澡水的木柴而弄得灰頭土臉，卻始終沒去洗澡的驢子」。（改寫自森本哲郎《一個通商國家的興亡》）

14. 依據上文，下列關於迦太基的敘述，正確的選項是：
　　(A) 建國前飽受亞述帝國侵擾，建國後征服希臘與羅馬
　　(B) 殖民策略捨棄當時慣用的武力侵略，改採文化收編
　　(C) 專注於海上貿易據點的擴張與運用，藉以累積財富
　　(D) 發揮強大的商業實力，不斷在地中海沿岸建設城市

15. 依據上文，希臘人眼中的迦太基人是：
　　(A) 賺取財富，卻不懂得享受
　　(B) 被人賣了，還替人數鈔票
　　(C) 貪婪奢侈，卻對別人一毛不拔
　　(D) 寅吃卯糧，賺五毛錢花一塊錢

二、多選題（佔 24 分）

說明：第 16 題至第 23 題，每題的五個選項各自獨立，其中至少有一
　　　個選項是正確的，選出正確選項標示在答案卡之「選擇題答案
　　　區」。每題皆不倒扣，五個選項全部答對者得 3 分，只錯一個
　　　選項可得 1.5 分，錯兩個或兩個以上選項不給分。

16. 閱讀下文，選出敘述正確的選項：

　　生命無常、人生易老本是古往今來一個普遍命題，魏晉詩篇
中這一永恆命題的詠嘆之所以具有如此感人的審美魅力而千古傳
誦，也是與這種思緒感情中所包含的具體時代內容不可分的。從
黃巾起義前後起，整個社會日漸動盪，接著便是戰禍不已，疾疫
流行，死亡枕藉，連大批的上層貴族也在所不免。「徐（幹）、
陳（琳）、應（瑒）、劉（楨），一時俱逝」（曹丕〈與吳質書〉），
榮華富貴，頃刻喪落，……。既然如此，而上述既定的傳統、事
物、功業、學問、信仰又並不怎麼可信可靠，大都是從外面強加
給人們的，那麼個人存在的意義和價值就突出出來了，如何有意
義地自覺地充分把握住這短促而多苦難的人生，使之更為豐富滿
足，便突出出來了。它實質上標誌著一種人的覺醒，即在懷疑和
否定舊有傳統標準和信仰價值的條件下，人對自己生命、意義、
命運的重新發現、思索、把握和追求。（李澤厚《美的歷程》）

(A) 生命無常、人生易老的命題，於魏晉詩篇中首開其端

(B) 魏晉詩人處於戰禍不已、疫疾流行的年代，更能感受生命的
　　短暫與脆弱

(C) 魏晉詩篇的美感魅力，來自即使自知生命微渺，仍積極尋求
　　生命豐富滿足之道

(D) 由於無法再以外在的功名事業肯定自己，使魏晉詩人進一步
探索個人存在的意義

(E) 既定的傳統和信仰全被否定，新的存在價值又尚未建立，遂
使魏晉詩人流於荒誕頹廢

17. 對於因果關係的敘述，下列文句屬於「先果後因」的選項是：

(A) 余時為桃花所戀，竟不忍去湖上

(B) （項脊）軒凡四遭火，得不焚，殆有神護者

(C) 及郡下，詣太守，說如此。太守即遣人隨其往

(D) 孟嘗君為相數十年，無纖介之禍者，馮諼之計也

(E) 前者呼，後者應，傴僂提攜，往來而不絕者，滁人遊也

18. 一般疑問句需要回答，但「反問句」雖採疑問形式，卻是無疑而
問，不需對方回答，而是藉由提問引起對方思考，屬於特殊的疑
問句。下列文句畫底線處，屬於「反問句」的選項是：

(A) 瑜問孔明曰：即日將與曹軍交戰，<u>水路交兵，當以何兵器
為先</u>

(B) 世界還是時時在裝扮著自己的。<u>而有什麼比一面散步一面聽
蟬更讓人心曠神怡</u>

(C) <u>做戲有什麼好笑？</u>我金發做一世人的戲，辛辛苦苦把一大群
兒女養得好漢，這有什麼好笑

(D) 他（黑妞）的好處，人學得到；白妞的好處，人學不到。你
想幾年來好玩耍的，<u>誰不學他們的調兒呢</u>

(E) 人世間，<u>什麼是愛，什麼是恨呢？</u>母親已去世多年，垂垂老
去的姨娘，亦終歸走向同一個渺茫不可知的方向

19. 對於內心的真實想法，刻意改用相反的語彙來形容，以達到諷刺或嘲謔的效果，在修辭手法上稱為「倒反」，例如：「你的眼力真好啊！居然把『十』看成『千』！」下列文句中<u>畫底線</u>處，屬於此種表達方式的選項是：

(A) 這時候，武則天才知道大家多麼痛恨她用了好多年的走狗人物。為了表明態度，她下令將來俊臣抄家滅門，「以息民怨」。來俊臣是凶手，<u>武則天是為民除害的大法官哩</u>

(B) 他故意氣她道：「我以為妳養了個姘頭。」這是極大的侮辱，她卻抱手笑道：「<u>那是承你看得起</u>。連你熊應生都不要我，還有人會要我嗎？」這一來連守帶攻，把熊應生也貶低了

(C) 地下的人原不曾預備這牙箸，本是鳳姐和鴛鴦拿了來的，聽如此說，忙收了過去，也照樣換上一雙烏木鑲銀的。劉姥姥道：「去了金的，又是銀的，<u>到底不及俺們那個伏手。</u>」

(D) 范進向他作揖，坐下。胡屠戶道：「我自倒運，把個女兒嫁與你這現世寶、窮鬼，歷年以來，不知累了我多少。<u>如今不知因我積了什麼德</u>，帶挈你中了個相公，我所以帶個酒來賀你。」

(E) 我洗臉的時候，把皮球也放在臉盆裡用胰子（肥皂）洗了一遍，皮球是雪白的了，盆裡的水可黑了。我把皮球收進書包裡，這時宋媽走進來換洗臉水，她「喲」了一聲，指著臉盆說：「<u>這是你的臉？多乾淨呀！</u>」

20. 閱讀甲、乙、丙三則敘寫古代女性的詩句，選出詮釋符合詩意的選項：

甲、越女顏如花，越王聞浣紗。國微不自寵，獻作吳宮娃。

乙、自倚嬋娟望主恩，誰知美惡忽相翻。黃金不買漢宮貌，青塚空埋胡地魂。

丙、旌旗不整奈君何，南去人稀北去多。塵土已殘香粉豔，荔枝
　　猶到馬嵬坡。

(A) 三詩主角的命運皆與政治相關

(B) 三詩中呈現的空間變動，亦代表三詩主角際遇的轉變

(C) 甲、乙二詩以「順時」方式敘述事件，丙詩則以「逆時」方
　　式敘述事件

(D) 甲、乙二詩皆言及主角本身形貌之美，丙詩則藉「香粉豔」
　　暗示主角之美

(E) 甲、丙二詩以「作者」的第三人稱觀點敘述，乙詩則以「作
　　者化身主角」的第一人稱觀點敘述

21. 閱讀下文，選出敘述正確選項：

　　　　振保的生命裡有兩個女人，他說的一個是他的白玫瑰，一個
是他的紅玫瑰。一個是聖潔的妻，一個是熱烈的情婦——普通人
向來是這樣把節烈兩個字分開來講的。也許每一個男子全都有過
這樣的兩個女人，至少兩個。娶了紅玫瑰，久而久之，紅的變了
牆上的一抹蚊子血，白的還是「床前明月光」；娶了白玫瑰，白
的便是衣服上沾的一粒飯黏子，紅的卻是心口上一顆硃砂痣。

（張愛玲〈紅玫瑰與白玫瑰〉）

(A) 以玫瑰帶刺象徵振保對愛情的畏懼

(B) 「床前明月光」一方面呈現潔淨的美感，一方面寓託思慕嚮
　　往之情

(C) 「蚊子血」、「飯黏子」分別由「紅」、「白」聯想取譬，
　　表達礙眼生厭之感

(D) 以「普通人把節烈兩個字分開來講」諷刺男人要求女人從一
　　而終，自己卻拈花惹草

(E) 「娶了紅玫瑰，……；娶了白玫瑰，……」的排比句，描述
　　既「喜新」又「戀舊」的矛盾人性

22. 閱讀下列秦國君臣的對話，選出敘述正確的選項：

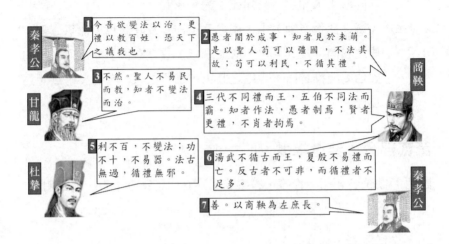

(A) 商鞅與秦孝公意見一致，杜摯與甘龍立場相同

(B) 秦孝公原有意變法，但經朝廷大臣討論後決定暫停變法

(C) 商鞅、甘龍、杜摯各自援引前代興亡史實，以強化論辯依據

(D) 甘龍的看法近於「照老路走不會錯」，杜摯的看法近於「請用利益說服我」

(E) 商鞅的觀點是：拘泥舊制是「愚」、「不肖」，變更舊制才是「智」、「賢」

23. 下列引用《論語》文句詮釋經典名篇的敘述，正確的選項是：

(A) 諸葛亮於〈出師表〉中，充分展現「其行己也恭，其事上也敬」的行事態度

(B) 蘇轍於〈上樞密韓太尉書〉中，表述基於「仕而優則學」的體悟，進京求師

(C) 韓愈〈師說〉中舉孔子師郯子、萇弘、師襄、老聃等人為例，寓有「三人行，必有我師焉」之意

(D) 蘇軾〈赤壁賦〉「哀吾生之須臾，羨長江之無窮」的心理，等同於「未知生，焉知死」的生死觀

(E) 〈燭之武退秦師〉中，燭之武深知「及其壯也，血氣方剛，戒之在鬥；及其老也，血氣既衰，戒之在得」的道理，故向鄭伯委婉推辭曰：「臣之壯也，猶不如人；今老矣，無能為也已。」

第貳部分：非選擇題（共三大題，佔54分）

說明：請依各題指示作答，答案務必寫在「答案卷」上，並標明題號一、二、三。

一、文章解讀（佔9分）

閱讀框線內王家祥〈秋日的聲音〉中的一段文字，說明：（一）作者對「悲秋」傳統有何看法？（二）作者認為萬物的心境與四季的轉換有何相應之處？（三）「真正的聲音」從何而來？答案必須標明（一）（二）（三）分列書寫。（一）、（二）、（三）合計文長限150字—200字。

> 其實季節是萬物心境的轉換；秋日的天空時常沒有欲望，看不見一抹雲彩，秋高氣爽似乎意味著心境的圓滿狀態。春日的新生喜悅，叨叨絮絮到夏日的豐盈旺盛，滿溢狂瀉；風雨之後，秋日是一種平和安寧的靜心，內心既無欲望也就聽不見喧囂的聲音，此時<u>真正的聲音</u>便容易出現了；秋天似乎是為了靜靜等待冬日的死亡肅寂做準備，曠野上行將死亡的植物時常給我們憂鬱的印象，所以誤以為秋天是憂傷的季節。也許秋天的心境讓我們容易看見深層的自己，彷彿這是大地的韻律，存在已久，只是我們習於不再察覺。

二、文章分析（佔 18 分）

　　閱讀框線內的文字，說明：（一）歐陽脩如何藉管仲的言論提出自己的觀點？（二）顧炎武「自己」所強調的觀點是什麼？（三）三人（管仲、歐陽脩、顧炎武）言論所構成的文意脈絡，呈現何種論述層次？答案必須標明(一)(二)(三)分列書寫。（一）、（二）、（三）合計文長限250字—300字。

　　《五代史・馮道傳》論曰：「『禮、義、廉、恥，國之四維；四維不張，國乃滅亡。』善乎！管生之能言也！禮、義，治人之大法；廉、恥，立人之大節。蓋不廉則無所不取，不恥則無所不為。人而如此，則禍敗亂亡，亦無所不至；況為大臣而無所不取，無所不為，則天下其有不亂，國家其有不亡者乎？」

　　然而四者之中，恥尤為要，故夫子之論士曰：「行己有恥。」孟子曰：「人不可以無恥。無恥之恥，無恥矣！」又曰：「恥之於人大矣！為機變之巧者，無所用恥焉！」所以然者，人之不廉而至於悖禮犯義，其原皆生於無恥也。故士大夫之無恥，是謂國恥。（顧炎武〈廉恥〉）

三、引導寫作（佔 27 分）

　　2009 年 8 月，莫拉克颱風所帶來的驚人雨量，在水土保持不良的山區造成嚴重災情，土石流毀壞了橋樑，掩埋了村莊，甚至將山上許多樹木，一路衝到了海邊，成為漂流木。

　　請想像自己是一株躺在海邊的漂流木，以「漂流木的獨白」為題，用第一人稱「我」的觀點寫一篇文章，述說你的遭遇與感想，文長不限。

99年度學科能力測驗國文科試題詳解

第壹部分：選擇題

一、單選題

1. **A**

【解析】 (A) ㄨˇ／ㄨˇ

(B) ㄎㄨㄚˋ／ㄎㄨ

(C) ㄅㄧˋ／ㄆㄧˇ

(D) ㄨㄛ／ㄨㄟ

2. **B**

【解析】 (A) 相輔相「成」

(C) 兼容並「蓄」

(D) 「趨」之若「鶩」

3. **A**

【解析】 線索：

甲、秋天、霜齒、一掌血──楓葉

乙、多聞、聽、唇舌、私語、口沫橫飛──電話

丙、夜、夢、飛行、耳朵、聲音──蚊子

4. **A**

【解析】 (A) 壞崖破巖之水，其患源自涓涓細流

(B) 藉酒澆愁，愁緒就如斷不了的流水

(C) 見過大海就不會把小水流放在眼裡，而遊學於聖人
門下則其它諸子之言就不足爲重

(D) 日與水居則十五歲就熟諳水性，若生不識水則年壯
見舟船亦懼水

5. **D**

【解析】荷塘＋月色、蕃薯＋地圖，所以荷塘對月色、蕃薯對
地圖都具有限制和界定作用

6. **D**

【解析】千夫所指：被眾人所指責，形容觸犯眾怒。

有板有眼：唱戲或唱歌合乎節拍板眼，形容人的言語
行事清晰有條理。

大謬不然：大錯、荒謬，與事實完全不符。

眾目睽睽：眾人都睜大眼睛注視著。

眼明手快：眼光銳利，動作敏捷。

人心大快：使人心裡非常痛快，亦作「大快人心」。

7. **C**

【解析】從首句「國有賢良之士眾」與乙、「賢良之士寡」相
對，而甲、丁「治薄」「治厚」亦相對，則其排序昭
然若揭：丁→乙→甲→丙

8. **B**

【解析】(A)「左右」用於平輩，蘇洵、蘇軾乃父子，子對父宜
用「膝下」、「膝前」

> (C) 「知悉」乃長輩對晚輩，曾鞏為歐陽修的學生，宜用「函丈」、「道鑒」
>
> (D) 「鈞鑒」用於長輩，左光斗為史可法的老師，宜用「如晤」、「知悉」

9. **C**

【解析】 (A) 水滸故事僅宋江真有其人，且小說非正史

(B) 水滸傳是以宣和遺事為底本綴輯成書

(D) 宣和遺事紀錄兩個主要內容，一是俠義故事，二是反抗政府

10-11為題組

【語譯】　　　從東漢以來，儒學淪喪、文風衰敝，邪說紛起，歷經唐朝貞觀之治、開元之治的盛世，再加上房玄齡、杜如晦、姚崇、宋璟的輔佐，卻不能來挽救這種情形。只有韓愈以一介平民興起，在談笑間來指揮天下百姓，百姓如草木順風而倒的來順從他，使天下再一次回歸正道，距離現在大概有三百多年了。他的文章振起了八代以來的衰敗，他的道拯救了天下沉溺的蒼生，他的忠心敢於去冒犯國君的憤怒，他的勇敢可以制服三軍的統帥。這難道不是參與了天地的造化，關聯到天下盛衰的機運，擁有廣大的正氣而能夠獨自存在的人嗎？

10. **D**

【解析】 (A) 華靡　　(B) 奢靡　　(C) 無也

11. **D**

【解析】(A) 「文」指古文，「道」指儒家學說

(B) 「忠」指諫迎佛骨，「勇」指不懼威勢

(C) 「獨」字在本文中並未凸顯韓愈早年孤獨無依的身世

12-13為題組

12. **B**

【解析】(A) 「如果人面對生活絕境經濟上燃眉之急，一家人沒有溫飽，那是另一種生的桎梏，談不上尊嚴自由」

(C) 認同荷瑞斯、莎士比亞之言

(D) 惋惜愛倫坡、夏特頓連溫飽都沒有

13. **B**

【解析】(A) 無此說

(C) 選擇一個精神與物質都不貧乏的局面

(D) 無此說

14-15為題組

14. **C**

【解析】(A) 並未征服希臘與羅馬

(B)(D) 迦太基只是做生意，不建設城市

15. **A**

【解析】希臘人不但認為迦太基人的城市無聊透頂，甚至形容他們是「為了搬運燒洗澡水的木柴而弄得灰頭土臉，卻始終沒去洗澡的驢子。」

二、多選題

16. **BCD**

【解析】(A) 生命無常、人生易老本是古往今來一個普遍命題

(E) 本文並未言及魏晉詩人流於荒誕頹廢

17. **BD**

【解析】(A)(C) 先因後果

(E) 無因果關係

18. **BCD**

【解析】(A) 「瑜問孔明曰：即日將與曹軍交戰，水路交兵，當以何兵器為先」需對方回答

(E) 「人世間，什麼是愛，什麼是恨呢？」並未藉由提問引起對方思考，乃自問

19. **ABE**

【解析】(C) 呈現劉老老鄉下婦人憨直詼諧

(D) 表達胡屠戶之現實、妄自尊大

20. **ABD**

【解析】甲、西施　　乙、王昭君　　丙、楊貴妃

(C) 丙詩未以逆時方式敘述事件

(E) 乙詩為第三人稱敘述

21. **BCD**

【解析】(A) 紅、白玫瑰象徵振保對愛情的兩種嚮往

(E) 「娶了紅玫瑰，……；娶了白玫瑰，……」描述如果擁有其一，終究不知滿足

22. **ADE**

【解析】 (B) 以商鞅爲左庶長，實施變法

(C) 甘龍、杜摯並未援引前代史實

23. **AC**

【解析】 (B) 學而優則仕

(D) 「未知生，焉知死」乃理性面對生命，死後虛無不需多慮，而「哀吾生之須臾」則幻想長生不死

(E) 燭之武所言乃對年壯未受重用之牢騷怨懟語，與孔子所言「壯年血氣方剛宜戒愼好勇鬥狠、年老氣血衰頹宜戒愼貪得」無關

第貳部分：非選擇題

一、文章解讀

（一） 作者認爲「悲秋」傳統是對秋天的誤解，肇因於萬物都在秋天時靜靜凋零，等待死亡冬天的到來，使人誤以爲秋天是個悲傷的季節。

（二） 春天代表朝氣蓬勃的心境，夏天的茂密豐盈反映出夏天的熱情，秋天的秋高氣爽代表平和安寧的反思期間，萬物開始準備過冬，冬天的死亡蕭寂則象徵萬物生命的終點。

（三） 眞正的聲音源自內心，因爲秋日的平靜而使內心無欲無求，不受外在喧囂打擾，進而能聆聽自己內心深處的聲音。

二、文章分析

（一）馮道於五代歷事四代十君，長居宰相等要職；自號長樂老，後人鄙其無志節。所以歐陽脩藉管仲之言，強調四維的重要，再將四維分成禮義，廉恥兩股，而後側重於廉恥，提出一般人不知廉恥將導致敗亡，而身爲大臣領導者如不知廉恥，天下國家將動亂滅亡的觀點。

（二）顧炎武再側重於「恥」字，引用孔、孟之言論證「恥」的重要，強調「人之不廉而至於悖禮犯義，其原皆生於無恥」，歸結出士大夫沒有羞恥心，乃國家之恥的觀點。

（三）管仲之言平列禮義廉恥，是謂「平提」；歐陽脩分禮義廉恥兩股，而後側重於廉恥，是謂「側注」；顧炎武「然而四者之中，恥尤爲要」，則再「側注」於「恥」字，論述層次上用「平提側注」法，凸顯出「恥」的重要。

三、引導寫作

漂流木的獨白

　　一道亮得刺眼的閃電畫破深沉的黑夜，雷聲轟隆作響，迴盪在陡峻的山谷間，傾盆大雨傾洩而下，像利刃般一刀一刀的刮在我身上；原本以爲，這只是個尋常颱風，一如往常的捱過去就行了，沒想到剎那間山頂的土石鬆動，黃沙滾滾的土石流以千軍萬馬之姿從山上奔騰下來，而僅僅是一棵小紅檜的我，根本抵擋不住大自然的力量，瞬間被攔腰折斷！──就在八月八日父親節這天，還來不及跟我爸爸大紅檜說聲八八節快樂，我成了漂流木。

　　我順著土石流的強大力量往下溜，一路上橫行無阻，所到之處滿目瘡痍。我看見了，好幾個部落的村民們互相擁抱著擠在山間小平台上等待救援，還有小嬰孩在母親懷中哇哇哭著極力想活下去；我看見了，許多山間小屋被土石流沖得分崩離析，殘破不堪，所有身家財產毀於一旦；我看見了，許多人被掩埋在半毀的屋子底下，極力搖手揮舞招呼在空中盤旋的救難直升機，期盼他們能看見自己。但我也看見了，佳暮四英雄憑藉著自己的力量，在政府來不及趕到救援之前，平安的帶領一百多位村民脫困；我也看見了，被救援出的婦女自願當志工，在災區各處勤奮的煮出一鍋又一鍋香甜的菜餚，好讓救災英雄及災民們補充力氣；我也看見了，台灣各個角落的人民發揮同胞愛，源源不絕的將補給物資送進災區，甚至是來自海外的各國救難隊，也都不吝於表達關懷。流過了白晝與黑夜，在傷痕累累的台灣各地，我看見了人類的渺小，自然的反撲與生命的脆弱；但我也看見了堅不可摧的大愛，與台灣人最深厚的人情味。這些救難人員與義工的名字我並不熟知，但在我心中，他們有一個共通的名字叫英雄。

　　不知漂流了多久，在我覺得自己已經快體力不支的狀況下，我終於擱淺在一處佈滿泥沙與礁岩的海岸邊。是這兒了嗎？這兒將是我最後老死的歸屬了嗎？還好，至少我還留在自己土生土長的台灣這塊土地上，我不斷的安慰自己。沒想到過了半晌，我竟然聽見隆隆的怪手聲響！原來是山老鼠來盜採漂流木！這次的風災，沖走了我身邊的一大片山林，連我的好幾個堂兄弟姊妹、叔叔伯伯等都不能倖免，而我們紅檜一向是身強體壯的珍貴林木，自然是上等的家具建材，也難怪有人見利心喜。雖然我能理解有人想把我們盜運變賣的想法，但我卻完全不能苟同這樣的行為！

在我們的人民受苦受難，台灣珍貴林木被破壞殆盡時，竟然還有人想趁機發災難財，根本不知悔改！殊不知今日之所以有八八莫拉克風災，就是因爲平日有太多山老鼠盜採林木，政府也不做好水土保持與伐木控管的把關，才釀成這麼大的災害！人類呀，你和我們一樣，是這片大地的一部份。這片大地對我們是珍貴的，對你們也是珍貴的。人類並不擁有大地，人類屬於大地，大地是萬物之母。就像所有人類體內都流著鮮血，所有的生物都是密不可分的。人類並不自己編織生命之網，人類只是碰巧擱淺在生命之網內，人類試圖要去改變生命的所有行爲，都會報應到自己身上。所以，請和我們一樣愛惜這塊台灣寶島，像我們一樣的照護它，不要再使台灣受傷害。

在眼睜睜的看著山老鼠搬運走不少我的親戚朋友後，終於有了政府官員來阻止這醜陋的盜運行爲。緊接著又來了一批怪手，將我們這些漂流木輕輕的拾起，妥善的集中於一處大峽谷旁。在經過了好幾個月後的今天，我已經被台東市政府以低價標售予我生長的原住民部落。部落的人們待我很好，將我仔細的雕刻上蠟後，做成莫拉克風災紀念公園的門檻，在我身上刻的椎心刺骨的「莫拉克風災」，就是要讓我不斷的提醒大家一定要記取大自然反撲的教訓，並讓大家心懷敬意與我共同守護這片好不容易重建完成的美麗家園。(吳臻)

99 年學測國文科非選擇題評分標準說明

閱卷召集人：陳麗桂（台灣師範大學國文學系）

　　此次閱卷有 21 組，每組含協同主持人，共 12 員，由國內公、私立大學院校中(國)文系專任助理教授以上之教師擔任，加上正、副召集人，共 254 人。1 月 31 日，由正、副召集人與八位協同主持人，抽取 2000 多份答案卷，詳加討論、分析，擬定評分原則，並分別選出三大題的標準卷，「A」、「B」、「C」等第各 1 份，共 9 份；又選取三大題不同答題形式的答案卷，共 49 份，作為試閱卷，以供閱卷委員試閱。次日，由正、副召集人，與 21 位協同主持人，就標準卷與試閱卷，加以研商，以確定其等第，完成標準卷及試閱卷的評定。2 月 2 日，由 21 位協同主持人與各該組閱卷委員充分論述標準卷，以及評分原則，取得共識，旋即進行試閱。試閱後，再行討論個中異同。經此反覆商討試閱，獲取一切準則後，即開始正式閱卷，過程嚴謹周密，客觀公正可期，考生家長、學校教師應可放心。

　　非選擇題共三大題，佔 54 分。第一大題佔 9 分，要求考生解讀王家祥＜秋日的聲音＞中的一段文字。作答基本上應標明(一)、(二)、(三)，並分三小題作答。評閱重點須能適切解讀三小題之提問核心。若三小題皆能符合題幹，敘述清楚，條理分明，且能有所發揮，可得「A 等」；若三小題只有二小題符合題幹要求，敘述平實，文字尚稱通順，或雖能扣住基本旨意，唯刻板轉抄、節錄原文，可得「B 等」；如內容大多不符題幹要求，文字蕪雜，敘述浮泛，則給「C 等」。

　　第二大題，要求考生分析顧炎武＜廉恥＞一文中所涉及歐陽修、顧炎武觀點，以及管仲、歐陽修、顧炎武三人言論之文意脈絡與論述層次，佔 18 分。作答基本上應標明(一)、(二)、(三)三小題，分項作答。評閱重點在：若三小題皆分析正確而深入，文字流暢，敘述清楚，可得「A 等」；若三小題分析欠深入，然文字大體平順，或三小題中二小題分析正確，文字敘述清楚，可得「B 等」；如三小題中，其分析僅一題正確，則得「C 等」。

　　這題的第三小題，作答時只要能將脈絡與層次清楚表述即可，未必要用文法或修辭術語。

　　第三大題「引導寫作」，以＜漂流木的獨白＞為題，寫一篇文章，佔 27 分。此題要求考生須以第一人稱漂流木的觀點寫作。考生若能扣緊題旨，發揮深刻的感受，又有細膩的敘寫，且結構完整，文字流暢，可得「A 等」；若僅大致符合題旨，而內容平實，結構大致完整，文筆尚稱通順，可得「B 等」；如未盡符合題意，內容浮泛，結構散漫，文筆欠通，則會落到「C 等」。

　　依慣例，每份答案卷均經兩位閱卷委員分別評分，若第一閱與第二閱的差距大於二級分，則送請召集人或其指定的協同主持人主閱。

九十九年度學科能力測驗
英文考科公佈答案

題號	答案	題號	答案	題號	答案
1	C	21	C	41	D
2	B	22	C	42	A
3	D	23	D	43	C
4	A	24	A	44	A
5	A	25	B	45	C
6	B	26	B	46	D
7	C	27	A	47	D
8	D	28	C	48	C
9	A	29	D	49	B
10	B	30	A	50	A
11	B	31	C	51	B
12	C	32	I	52	C
13	A	33	G	53	A
14	C	34	A	54	C
15	D	35	J	55	B
16	B	36	E	56	A
17	A	37	D		
18	C	38	H		
19	D	39	F		
20	D	40	B		

九十九年度學科能力測驗
數學考科公佈答案

題號	答案	題	號	答案
1	2	A	13	6
2	3	A	14	8
3	5		15	–
4	1	B	16	6
5	3		17	5
6	4		18	4
7	4	C	19	3
8	2,3		20	2
9	1,5	D	21	1
10	2,3,4	D	22	4
11	1,3,5		23	9
12	2,4	E	24	0
			25	7
		F	26	4
		F	27	1
		G	28	5
		G	29	2
			30	2
		H	31	1
			32	4

九十九年度學科能力測驗
社會考科公佈答案

題號	答案	題號	答案	題號	答案	題號	答案
1	A	21	B	41	D	61	B
2	B	22	C	42	B	62	D
3	D	23	C	43	B	63	C
4	B	24	A	44	C	64	D
5	D	25	A	45	B	65	A
6	B	26	C	46	A	66	C
7	B	27	C	47	B	67	A
8	C	28	B	48	A	68	A
9	D	29	D	49	B	69	A
10	A	30	B	50	D	70	D
11	C	31	D	51	A	71	D
12	B	32	A	*52	B	72	C
13	C	33	D	53	C		
14	D	34	B	54	B		
15	A	35	B	55	B		
16	C	36	C	56	C		
17	B	37	C	57	D		
18	B	38	C	58	B		
19	A	39	A	59	C		
20	D	40	D	60	B		

* 因各版本對於陽光的入射角定義不同，若以「入射光與界面法線的夾角」定義入射角，則無一選項符合題義，故答「B」及未答本題者均得分。

九十九年度學科能力測驗
自然考科公佈答案

題號	答案	題號	答案	題號	答案	題號	答案
1	B	21	C	41	BCE	61	B
2	B	22	D	42	ABD	62	AD
3	B	23	D	43	A	63	B
4	D	24	D	44	B	64	B
5	B	25	E	45	BD	65	B
6	C	26	A	46	E	66	C
7	B	27	B	47	A	67	D
8	D	28	C	48	CE	68	A
9	A	29	D	49	BDEFH		
10	C	30	B	50	AE		
11	D	31	B	51	C		
12	D	32	D	52	C		
13	C	33	AC	53	AE		
14	B	34	BDE	54	C		
15	D	35	AC	55	BDEF		
16	D	36	CD	56	AE		
17	B	37	BD	57	C		
18	D	38	DE	58	C		
19	D	39	CDE	59	D		
20	C	40	ABD	60	B		

九十九年度學科能力測驗
國文考科選擇題公佈答案

題　　號	答　　　案
1	A
2	B
3	A
4	A
5	D
6	D
7	C
8	B
9	C
10	D
11	D
12	B
13	B
14	C
15	A
16	BCD
17	BD
18	BCD
19	ABE
20	ABD
21	BCD
22	ADE
23	AC

九十九學年度學科能力測驗
總級分與各科成績標準一覽表

標準 項目	頂標	前標	均標	後標	底標
國　文	13	12	11	9	7
英　文	13	11	8	5	4
數　學	10	8	5	3	2
社　會	14	13	11	9	8
自　然	13	11	9	7	6
總級分	60	54	45	35	27

※ 各科成績五項標準以到考考生成績計算，總級分五項標準之計算不含五科均缺考之考生，各標準計算方式如下：

　　頂標：成績位於第 88 百分位數之考生成績

　　前標：成績位於第 75 百分位數之考生成績

　　均標：成績位於第 50 百分位數之考生成績

　　後標：成績位於第 25 百分位數之考生成績

　　底標：成績位於第 12 百分位數之考生成績

九十九學年度學科能力測驗
各科各級分人數百分比累計表

	級分	人　數	百分比 (%)	累計人數	累計百分比 (%)
國 文	15	4,009	2.86	140,385	100.00
	14	8,964	6.39	136,376	97.14
	13	17,524	12.48	127,412	90.76
	12	22,379	15.94	109,888	78.28
	11	20,432	14.55	87,509	62.34
	10	18,872	13.44	67,077	47.78
	9	14,263	10.16	48,205	34.34
	8	10,290	7.33	33,942	24.18
	7	7,095	5.05	23,652	16.85
	6	5,943	4.23	16,557	11.79
	5	4,785	3.41	10,614	7.56
	4	3,130	2.23	5,829	4.15
	3	1,981	1.41	2,699	1.92
	2	641	0.46	718	0.51
	1	72	0.05	77	0.05
	0	5	0.00	5	0.00
英 文	15	4,667	3.33	140,054	100.00
	14	7,852	5.61	135,387	96.67
	13	10,959	7.82	127,535	91.06
	12	10,993	7.85	116,576	83.24
	11	11,300	8.07	105,583	75.39
	10	12,443	8.88	94,283	67.32
	9	11,281	8.05	81,840	58.43
	8	11,731	8.38	70,559	50.38
	7	10,625	7.59	58,828	42.00
	6	10,418	7.44	48,203	34.42
	5	11,991	8.56	37,785	26.98
	4	12,996	9.28	25,794	18.42
	3	10,618	7.58	12,798	9.14
	2	2,109	1.51	2,180	1.56
	1	64	0.05	71	0.05
	0	7	0.00	7	0.00

	級分	人　數	百分比 (%)	累計人數	累計百分比 (%)
數	15	2,059	1.47	140,295	100.00
	14	2,918	2.08	138,236	98.53
	13	2,652	1.89	135,318	96.45
	12	4,734	3.37	132,666	94.56
	11	3,925	2.80	127,932	91.19
	10	7,106	5.07	124,007	88.39
	9	5,477	3.90	116,901	83.33
	8	9,568	6.82	111,424	79.42
	7	7,723	5.50	101,856	72.60
	6	13,942	9.94	94,133	67.10
學	5	10,998	7.84	80,191	57.16
	4	20,419	14.55	69,193	49.32
	3	15,843	11.29	48,774	34.77
	2	22,386	15.96	32,931	23.47
	1	8,439	6.02	10,545	7.52
	0	2,106	1.50	2,106	1.50
社	15	4,030	2.87	140,232	100.00
	14	14,177	10.11	136,202	97.13
	13	20,214	14.41	122,025	87.02
	12	24,023	17.13	101,811	72.60
	11	22,681	16.17	77,788	55.47
	10	18,262	13.02	55,107	39.30
	9	15,558	11.09	36,845	26.27
	8	9,143	6.52	21,287	15.18
	7	6,255	4.46	12,144	8.66
	6	3,726	2.66	5,889	4.20
會	5	1,847	1.32	2,163	1.54
	4	275	0.20	316	0.23
	3	31	0.02	41	0.03
	2	5	0.00	10	0.01
	1	4	0.00	5	0.00
	0	1	0.00	1	0.00

	級分	人　數	百分比 (%)	累計人數	累計百分比 (%)
自 然	15	4,516	3.23	139,985	100.00
	14	7,156	5.11	135,469	96.77
	13	9,098	6.50	128,313	91.66
	12	11,036	7.88	119,215	85.16
	11	13,059	9.33	108,179	77.28
	10	17,260	12.33	95,120	67.95
	9	17,081	12.20	77,860	55.62
	8	16,816	12.01	60,779	43.42
	7	14,977	10.70	43,963	31.41
	6	12,583	8.99	28,986	20.71
	5	9,646	6.89	16,403	11.72
	4	5,247	3.75	6,757	4.83
	3	1,360	0.97	1,510	1.08
	2	136	0.10	150	0.11
	1	5	0.00	14	0.01
	0	9	0.01	9	0.01

【劉毅老師的話】

　　我們出版歷屆的學測或指考試題詳解時，都會附上許多相關統計表格。不要小看這些表格，它們能讓你了解競爭者的實力，好勉勵自己要精益求精。

九十九學年度學科能力測驗
總級分人數百分比累計表

總級分	人數	百分比	累計人數	累計百分比
75	112	0.08	140,540	100.00
74	228	0.16	140,428	99.92
73	351	0.25	140,200	99.76
72	511	0.36	139,849	99.51
71	672	0.48	139,338	99.14
70	817	0.58	138,666	98.67
69	909	0.65	137,849	98.09
68	1,076	0.77	136,940	97.44
67	1,255	0.89	135,864	96.67
66	1,379	0.98	134,609	95.78
65	1,575	1.12	133,230	94.80
64	1,647	1.17	131,655	93.68
63	1,789	1.27	130,008	92.51
62	1,890	1.34	128,219	91.23
61	2,100	1.49	126,329	89.89
60	2,311	1.64	124,229	88.39
59	2,396	1.70	121,918	86.75
58	2,583	1.84	119,522	85.04
57	2,743	1.95	116,939	83.21
56	2,977	2.12	114,196	81.26
55	3,097	2.20	111,219	79.14
54	3,317	2.36	108,122	76.93
53	3,368	2.40	104,805	74.57
52	3,563	2.54	101,437	72.18
51	3,669	2.61	97,874	69.64
50	3,809	2.71	94,205	67.03
49	3,878	2.76	90,396	64.32
48	4,020	2.86	86,518	61.56
47	4,181	2.97	82,498	58.70
46	4,114	2.93	78,317	55.73
45	4,007	2.85	74,203	52.80
44	4,066	2.89	70,196	49.95
43	4,017	2.86	66,130	47.05
42	3,976	2.83	62,113	44.20
41	3,921	2.79	58,137	41.37
40	3,741	2.66	54,216	38.58

總級分	人數	百分比	累計人數	累計百分比
39	3,635	2.59	50,475	35.92
38	3,461	2.46	46,840	33.33
37	3,213	2.29	43,379	30.87
36	3,093	2.20	40,166	28.58
35	2,921	2.08	37,073	26.38
34	2,715	1.93	34,152	24.30
33	2,509	1.79	31,437	22.37
32	2,346	1.67	28,928	20.58
31	2,222	1.58	26,582	18.91
30	2,214	1.58	24,360	17.33
29	2,135	1.52	22,146	15.76
28	2,103	1.50	20,011	14.24
27	2,103	1.50	17,908	12.74
26	2,090	1.49	15,805	11.25
25	2,089	1.49	13,715	9.76
24	1,932	1.37	11,626	8.27
23	1,824	1.30	9,694	6.90
22	1,725	1.23	7,870	5.60
21	1,559	1.11	6,145	4.37
20	1,239	0.88	4,586	3.26
19	993	0.71	3,347	2.38
18	771	0.55	2,354	1.67
17	537	0.38	1,583	1.13
16	353	0.25	1,046	0.74
15	195	0.14	693	0.49
14	115	0.08	498	0.35
13	70	0.05	383	0.27
12	45	0.03	313	0.22
11	42	0.03	268	0.19
10	27	0.02	226	0.16
9	42	0.03	199	0.14
8	19	0.01	157	0.11
7	26	0.02	138	0.10
6	26	0.02	112	0.08
5	23	0.02	86	0.06
4	27	0.02	63	0.04
3	18	0.01	36	0.03
2	13	0.01	18	0.01
1	4	0.00	5	0.00
0	1	0.00	1	0.00

註：累計百分比＝從 0 到該級分的累計人數／（報名人數 - 五科均缺考人數）

九十九學年度學科能力測驗
原始分數與級分對照表

科目	國 文	英 文	數 學	社 會	自 然
級距	5.85	6.20	6.32	8.45	8.10
級分	分 數 區 間				
15	81.91 - 108.00	86.81 - 100.00	88.49 - 100.00	118.31 - 144.00	113.41 - 128.00
14	76.06 - 81.90	80.61 - 86.80	82.17 - 88.48	109.86 - 118.30	105.31 - 113.40
13	70.21 - 76.05	74.41 - 80.60	75.85 - 82.16	101.41 - 109.85	97.21 - 105.30
12	64.36 - 70.20	68.21 - 74.40	69.53 - 75.84	92.96 - 101.40	89.11 - 97.20
11	58.51 - 64.35	62.01 - 68.20	63.21 - 69.52	84.51 - 92.95	81.01 - 89.10
10	52.66 - 58.50	55.81 - 62.00	56.89 - 63.20	76.06 - 84.50	72.91 - 81.00
9	46.81 - 52.65	49.61 - 55.80	50.57 - 56.88	67.61 - 76.05	64.81 - 72.90
8	40.96 - 46.80	43.41 - 49.60	44.25 - 50.56	59.16 - 67.60	56.71 - 64.80
7	35.11 - 40.95	37.21 - 43.40	37.93 - 44.24	50.71 - 59.15	48.61 - 56.70
6	29.26 - 35.10	31.01 - 37.20	31.61 - 37.92	42.26 - 50.70	40.51 - 48.60
5	23.41 - 29.25	24.81 - 31.00	25.29 - 31.60	33.81 - 42.25	32.41 - 40.50
4	17.56 - 23.40	18.61 - 24.80	18.97 - 25.28	25.36 - 33.80	24.31 - 32.40
3	11.71 - 17.55	12.41 - 18.60	12.65 - 18.96	16.91 - 25.35	16.21 - 24.30
2	5.86 - 11.70	6.21 - 12.40	6.33 - 12.64	8.46 - 16.90	8.11 - 16.20
1	0.01 - 5.85	0.01 - 6.20	0.01 - 6.32	0.01 - 8.45	0.01 - 8.10
0	0.00 - 0.00	0.00 - 0.00	0.00 - 0.00	0.00 - 0.00	0.00 - 0.00

級分計算方式如下：

1. 級距：以各科到考考生，計算其原始得分前百分之一考生（取整數，小數無條件進位）的平均原始得分，再除以 15，並取至小數第二位，第三位四捨五入。

2. 本測驗之成績採級分制，原始得分 0 分為 0 級分，最高為 15 級分，缺考以 0 級分計。各級分與原始得分、級距之計算方式詳見簡章第 10 頁。